# Je suis née à Bergen-Belsen

Yvonne Salamon
*avec Frédérique Agnès*

# Je suis née à Bergen-Belsen

PLON
www.plon.fr

92, avenue de France
75013 Paris
Tél. : 01 44 16 09 00
Fax : 01 44 16 09 01
www.plon.fr
www.lisez.com

Dépôt légal : septembre 2020
ISBN : 978-2-259-28268-0
Mise en pages : Nord Compo

*À ma mère*

# Préface

## *de Frédérique Agnès*

*J'ai rencontré Yvonne en avril 2019, à l'occasion d'un reportage que je tournais. Il y était question d'un morceau de chocolat offert à une femme sur le point d'accoucher, dans un camp de concentration. Une magnifique leçon d'humanité. La femme qui accouchait, c'était la mère d'Yvonne. Le bébé, c'était elle.*

*Yvonne avait alors soixante-quinze ans, moi quarante-cinq, et une jolie amitié est née entre nous. Elle venait d'écrire l'histoire de sa mère – Hélène, juive, résistante et déportée à Bergen-Belsen. Mais il m'a semblé que son propre destin était également inspirant : celui d'une femme née dans un camp de la mort et marquée par ce début de vie si particulier. Elle a finalement accepté de livrer son témoignage et ses réflexions.*

*Nous avons enregistré des entretiens. J'ai rencontré son frère, échangé avec sa sœur. Nous avons lu des ouvrages historiques et biographiques sur l'Occupation, la Résistance, les camps. En 1987, Hélène avait parlé avec sa fille, un peu. Mais qu'il était difficile pour elle de raconter son calvaire ! Alors, quelque temps avant sa mort, elle lui avait laissé des écrits.*

*Fondé sur toutes ces sources, ce livre est un dialogue imaginaire et reconstitué entre Hélène et Yvonne. Un dialogue entre une mère et sa fille, à jamais liées par un amour fusionnel.*

*Hélène portant Yvonne dans ses bras (1946)*

# Hélène

Je m'appelle Hélène Salamon. Je suis juive. Née en Pologne en 1905. Arrivée en France en 1924. Mère de famille. Sage-femme. Et, à partir de 1943, résistante. C'est ce qui me vaudra d'être arrêtée, emprisonnée, torturée, puis finalement déportée dans le camp de concentration de Bergen-Belsen, en Allemagne. Un destin semblable à tant d'autres. À ce détail près : j'arrive dans le camp enceinte de quatre mois. Avec une obsession : mettre au monde mon enfant.

# *Yvonne*

*Je m'appelle Yvonne Salamon. Je suis juive. Sans enfants. Psychiatre. Née en 1944 dans le camp de concentration de Bergen-Belsen. Revenue vivante de l'enfer. Et, à ce titre, sûrement, dotée d'une force que rien ne pourrait réduire et d'une indépendance totale et définitive. Portée par un sentiment d'invulnérabilité. Comme beaucoup de survivants, peut-être…*

# Hélène

Octobre 1942, la rumeur enfle : « Les Allemands vont bientôt occuper Marseille. » Je décide de cacher mes enfants. À onze ans, Georges est déjà un petit homme. Mon mari, Nathan, a été fait prisonnier il y a trois ans et mon fils s'est fait un devoir de le remplacer, de m'aider de toutes ses forces. Je l'envoie chez un prêtre dans les Basses-Alpes, où – je l'apprendrai plus tard – il servira la messe. Cocasse. Et ma petite Maguy qui n'a que cinq ans, je la confie à madame Breuil, à Saint-Julien. Veuve et sans enfants, généreuse et fortunée. Je sais que ma Kiki vivra bien à ses côtés. Qu'elle mangera à sa faim et sera aimée. Quand je la quitte, elle a enfilé la tenue que madame Breuil lui a offerte. Petit chaperon bleu marine avec, sur la tête, un chapeau rond tenu par un élastique qui la gratte sous le menton. Elle n'a pas l'habitude d'être ainsi endimanchée, mais elle a fière allure, ma fille. La laisser derrière moi me fend le cœur.

Mais je n'ai pas d'autre choix : je dois protéger mes petits.

De retour à la maison, je m'assois par terre dans le salon. Je regarde le vieux fauteuil en velours brun, où Nathan lisait le journal. Que je me sens seule et démunie !

*

Les Allemands finissent par prendre Marseille, en novembre. Un mois plus tard, le tampon « Juif » est apposé sur nos papiers. La Gestapo et la Milice nous traquent et l'on m'interdit d'exercer ma profession de sage-femme.

C'est à ce moment que je décide de rejoindre la Résistance.

*

Je réussis à retrouver notre ami Louis T.[1], qui avait fait ses études de médecine avec Nathan. Alors chef d'une unité dans le Gard, il vit dans la clandestinité. À ses côtés, j'apprends vite et deviens agent de liaison. Avec, comme tous mes camarades, de faux papiers d'identité. Nous nous

1. Par souci du respect de la vie privée, le prénom a été modifié.

les procurons à partir de vrais extraits de naissance de personnes décédées. C'est moi qui ai la responsabilité de les récupérer. Le procédé est assez simple. En France, à l'époque, les décès ne sont pas mentionnés sur les registres des naissances.

Il suffit donc de connaître le nom et le lieu de naissance d'une personne morte pour écrire « en son nom » à la mairie concernée en la priant d'expédier le document à mon adresse. Je reçois ainsi l'extrait de naissance en question. Si j'y joins des photographies et un certificat de domicile, j'obtiens une « vraie fausse » carte d'identité, délivrée par la mairie. Peut-être celle-ci ferme-t-elle parfois les yeux…

Jusqu'au jour où le papier demandé n'arrive pas. Je commence à être inquiète, très inquiète. Ai-je commis une erreur ? Ai-je mis en danger le réseau ? Pourquoi la mairie ne répond-elle pas ? J'ai pourtant agi comme d'habitude, en joignant à mon courrier un mandat pour les frais.

Je finis par voir débarquer chez moi deux gendarmes. Dans le petit village où j'ai écrit, tout le monde sait que l'homme dont j'ai demandé l'extrait de naissance est décédé… J'imagine donc la stupéfaction de l'employé d'état civil en découvrant ma requête ! Il a eu la fâcheuse idée de conter l'histoire aux autorités.

Me voici donc face à deux agents, un tout jeune, l'autre beaucoup plus âgé. Ils exigent des explications. J'ai la présence d'esprit d'inventer une histoire qui tient à peu près debout. « Oui, j'attends une lettre pour un homme qui est venu me voir de la part de mon mari, qui est prisonnier en Allemagne. Il m'a demandé si je pouvais recevoir du courrier pour lui… » Quand le gendarme m'informe de quoi il retourne, j'ouvre de grands yeux étonnés car j'ignorais, bien entendu, ce que pouvaient contenir ces enveloppes. Le jeune se met en colère, me traite de menteuse, menace de me mettre en prison. Le plus âgé m'informe qu'il doit rendre un rapport aux autorités et m'accorde vingt-quatre heures pour lui fournir une autre réponse. Je m'exclame : « Je n'ai pas d'autre réponse à vous donner, puisque ce que je vous dis est la vérité ! »

Le lendemain, le plus âgé des deux revient, seul. Il affirme vouloir me parler sans témoin car il a, sans doute, la même activité que moi… me laissant ainsi entendre qu'il est en contact avec la Résistance.

Je ne bronche pas et me contente de lui répondre : « Monsieur le gendarme, je ne comprends pas à quoi vous faites allusion. Je n'ai aucune autre activité que celles liées à ma profession de sage-femme. Le seul tort que je reconnais est d'avoir accepté de recevoir du courrier pour un ancien prisonnier de guerre, venu me demander un service de la part de mon mari, prisonnier de guerre lui aussi. » Le gendarme n'a pas l'air convaincu et répète qu'il doit en référer à ses supérieurs. « Eh bien, dites la vérité dans votre rapport ! »

Il repasse à plusieurs reprises, semble bien tourmenté. Son attitude me touche. Je vois qu'il éprouve de la sympathie pour moi et qu'il ne voudrait pas me causer des ennuis. Malgré mon mutisme quant à mon activité clandestine, ce brave pandore sent qu'il y a anguille sous roche. Et puis je n'ai plus de nouvelles de cette affaire. Je serai arrêtée quelques semaines plus tard, pour un autre motif.

En 1945, sur la Canebière, je tombe sur « mon » gendarme, tout heureux de me revoir, lui qui craignait que mon arrestation n'ait été la conséquence de son rapport : « Je l'ai pourtant rédigé de manière à vous innocenter. » Son sourire, lorsque je le rassure, me rappelle les nombreux gestes de solidarité envers nous, les résistants. Ceux de tous ces gens qui nous ont aidés comme ils le pouvaient. Dont aucun n'est entré dans l'Histoire, alors que chacun a apporté sa pierre à l'édifice : un petit caillou ou un roc.

*

Dans le réseau, l'essentiel de mon travail consiste à porter des courriers dans certaines délégations et je me déplace de ville en ville. Parfois, je remets ces enveloppes en main propre, à d'autres moments, je les dépose dans des boîtes aux lettres qu'on m'a indiquées ou chez des commerçants complices. Par sécurité, je ne dois pas les ouvrir et encore moins les lire. En savoir le moins possible est l'une de nos règles fondamentales.

*

Le 9 février 1944, je suis dans le train, et tout se passe comme prévu. Je vois Louis monter à Sète. Je change de place pour m'installer à côté de lui. Il me donne une grande enveloppe que je glisse dans ma sacoche en cuir. Nous échangeons quelques mots avant qu'il ne descende à Montpellier tandis que je continue vers Nîmes.

Il fait beau, ce jour-là. Je déambule autour des Arènes, jusqu'aux jardins de la Fontaine, pas plus inquiète que d'ordinaire puisque j'ai déjà accompli cette mission à plusieurs reprises. Le même trajet. La même enveloppe. Mais peut-être ne suis-je pas assez sur mes gardes. Car le lendemain, alors que je m'apprête à prendre le train pour rejoindre Alès, deux hommes m'empoignent et me font monter dans une voiture. Nous arrivons bientôt devant un magnifique bâtiment que je ne connais que trop bien. De réputation seulement, mais le voir suffit à me faire frémir : je me trouve devant l'hôtel Silhol, réquisitionné par la Milice de Nîmes. La Milice, supplétif français de la Gestapo allemande.

Une fois à l'intérieur, fouille méthodique. Mes ourlets et les poignets de mon manteau sont décousus. Puis on m'emmène dans une grande pièce. Face à moi, un homme et une femme qui semblent liés l'un à l'autre. Et quelques individus. « Nous avons lu les papiers qui étaient dans votre sacoche. Passionnant ! Un trésor pour qui traque les résistants… Nous connaissons certaines personnes dont le nom apparaît : Louis T., par exemple. Quel est son rôle ? »

Je me mets à trembler, pour de vrai. Pas besoin de composer, j'ai vraiment peur. Pour le reste, je mens, évidemment : « Louis est un ami de longue date. Il m'a contactée… En tant que médecin, il est très occupé, alors il m'a dit qu'il avait besoin que je porte des lettres à certaines de ses connaissances. J'ignorais ce qu'elles contenaient, je vous l'assure.

Vous me dites que Louis est membre de la Résistance, mais moi je ne le savais pas ! »

Ma bouche est sèche. Ma gorge aussi. Je demande un verre d'eau qu'on me refuse. Le calvaire commence, pour ne plus s'arrêter.

*

On m'enferme dans une cave humide et obscure, sans la moindre ouverture. Pas de lit non plus. Je dors par terre, tout habillée, recroquevillée sur moi-même. Huit jours dans cette cellule, à grelotter de froid, sans rien à manger et surtout presque rien à boire. Mes règles sont en retard, je devine que je suis enceinte et me demande combien de temps on peut endurer pareille inanition, au bout de combien de jours je vais mourir de faim et de soif. Ma bouche est en feu, mes lèvres crevassées. Et puis, il y a les interrogatoires, où l'on veut m'extorquer le nom de mes camarades. Je résiste.

Souvent les gardes cognent contre ma porte, sûrement pour m'empêcher de dormir. Et parfois, ils se mettent à chanter, sur l'air de « La Carmagnole » : « Ah, ça ira, ça ira, ça ira ! Allez les gaullistes, à la lanterne. Ah, ça ira, ça ira, ça ira ! Allez les gaullistes, on les pendra ! » Comme je voudrais en finir… Mais la pensée du bébé m'en empêche. Ce n'est pas encore toi. Un mois de grossesse, il ne s'agit même pas encore d'un fœtus. Mais dans mon esprit, c'est déjà toi.

*

Le neuvième jour, en début d'après-midi, on me sort de ma cave. On me donne de l'eau et un morceau de pain. J'ai l'impression que du concentré d'énergie coule dans mes veines. Je revis. On me pousse dans une voiture. Et, après un moment, Louis apparaît, les yeux bandés. Louis était donc ici, en même temps que moi ! Quand l'ont-ils arrêté ? Ont-ils réussi à le faire parler ? Je ne le pense pas. Je le connais. Il n'a rien dit, forcément.

Devant la voiture, on lui retire son bandage. Il a l'air aussi surpris que moi. On menotte nos mains l'une à l'autre et un milicien, matraque en main, s'assoit entre nous deux. Nous n'avons pas le droit de nous parler, mais c'est plus fort que moi : « Quand as-tu été arrê... ? » Pas le temps de finir ma phrase, un coup sur le genou me ramène brutalement au silence.

*

Après des heures de voiture et une halte à Lyon, nous arrivons à Vichy. Là encore, direction les sous-sols. Louis dans une cellule, moi dans une autre, à l'autre bout du couloir. Cette fois, on m'apporte à manger : un grand verre d'eau et une bonne ration de ragoût. Je me jette dessus. Erreur. J'ai de telles crampes à l'estomac que je me plie de douleur. J'ai avalé trop vite.

Les interrogatoires reprennent, avec toujours les mêmes questions. Les mêmes menaces. « Tu devrais parler, tu sais. » Ils me tendent un miroir. « Regarde-toi, tu fais pitié… Tu finiras par parler, alors autant t'épargner des souffrances. Nous, on te veut pas de mal mais, si tu refuses de nous aider, on va devoir te confier à d'autres, bien moins gentils… »

Je ne prononce pas un mot. L'un d'eux me balance une gifle qui m'envoie au sol.

Je peux l'avouer aujourd'hui, j'ai pleuré toutes les larmes de mon corps.

De retour dans la cellule, j'entends Louis m'appeler au loin. Enfin, m'appeler, me supplier, plutôt. Il souffre. Alors je lui réponds, pour lui redonner du courage. Personne ne peut imaginer le bien que me font ces quelques mots échangés. Je m'accroche à eux. Je ne suis pas seule.

*

Je passerai dix jours là. Sur ces dix jours, j'ignore combien de repas on m'a apportés. Trois, quatre, peut-être cinq. Ce que je sais, c'est que, souvent, je hurle que j'ai faim. Mais ils n'en ont cure.

Puis vient le moment où les deux miliciens m'annoncent, avec un mélange de dégoût et de jubilation, qu'ils vont me donner à la Gestapo.

Je n'ai qu'un désir : mourir. Je suis à bout de forces. Et puis, je pense à toi, et cette seule idée m'éclaire.

*

Ils me sortent de la cave, me poussent devant eux, me giflent, me frappent. Louis subit le même traitement. En voiture, ils nous conduisent à l'hôtel du Portugal. Un bel hôtel devenu le siège de la Gestapo.

Ici, pas de cave, pas d'attente interminable, on vient immédiatement me chercher pour m'interroger. Je suis morte de trouille.

Un escalier. Un étage. Là m'attendent plusieurs hommes. Il y a le patron de la Gestapo, et à côté de lui une armoire à glace et un autre, plus fin. « Il paraît que vous ne voulez pas parler. Ça tombe bien, nous n'avons pas envie de vous écouter. » Aucune question, seulement des coups, d'une brutalité inouïe. Je suis complètement sonnée quand on m'emmène au sous-sol. Tout plutôt que d'autres coups. Je ne tiens plus sur mes jambes et on me traîne le long d'un couloir où se succèdent les portes. En haut de chacune d'elles, un judas. Les deux gardiens me jettent dans une cellule. La porte claque. Un tour de clé. J'entends leurs pas s'éloigner. Puis le silence.

Fatiguée, meurtrie, affamée, je m'effondre sur la couchette. Je pense à mon mari, Nathan. À mes enfants, Georges et Maguy. Les reverrai-je ? Résistante et juive, j'ai peu de chances de sortir vivante des griffes de la Gestapo.

*

Je ne sais combien de temps je reste prostrée avant d'entendre ce chuchotement : « Camarade ! Camarade !.... Bonjour ! » Je me lève et m'approche de la porte, la voix vient d'en face. « Camarade, vous prenez la place dans cette cellule de mon ami Camille, que l'on vient d'emmener... Je m'appelle Noël. » Hissée sur la pointe de mes pieds enflés, oreille collée au judas, j'écoute le récit du long calvaire d'un grand et beau garçon, Camille Leclanché, un gars de Clermont-Ferrand. Celui qui vient de quitter ma cellule pour une destination inconnue.

Noël arrive lui aussi de Clermont-Ferrand. « Vous le reverrez après la victoire, lui dis-je, ils l'ont certainement emmené dans un camp de travail. » Qui pouvait alors imaginer l'existence des camps de la mort, d'où si peu sont revenus ? J'ai su, plus tard, que Camille n'avait jamais répondu aux innombrables questions de nos bourreaux. Selon les versions, il serait mort ici, à Vichy, ou à Dachau, en Allemagne.

« Tout à l'heure, Hélène, on vous sortira de votre cellule pour aller aux lavabos. Derrière la cuvette des WC, vous trouverez un morceau de sucre.

— Merci, Noël.

— Courage, Hélène ! »

Aux toilettes, je découvre en effet un sucre caché derrière la cuvette. J'ai souvent repensé à ce moment, car jamais un sucre n'avait eu pareil goût. Celui de la solidarité et de l'amitié. Quand ceux qui n'ont presque rien partagent avec ceux qui ont encore moins.

*

Ce soir-là, après la distribution de la maigre soupe et le bouclage des cellules, un grand silence s'installe de nouveau. Après un certain temps, le bruit des pas lourds du gardien se fait entendre, qui annonce un nouveau prisonnier. C'est ma porte qu'on ouvre, pour introduire une frêle jeune fille. Nous nous regardons. J'ai sûrement une tête effrayante car elle me demande, affolée, ce qu'ils m'ont fait. Je ne réponds rien.

« Je m'appelle Simone... Aujourd'hui, j'ai remplacé ma mère pour apporter du linge de rechange à mon frère aîné, Camille Leclanché, et ils m'ont arrêtée. Ils m'ont dit qu'ils voulaient juste me poser des questions sur lui... Je sortirai dès demain. » Elle semble y croire. Je ne veux pas l'inquiéter, alors je reste muette.

Simone, après m'avoir observée de ses bons yeux, promène son regard tout autour de nous et tente de déchiffrer les inscriptions sur les murs. Elle me lance : « Mon frère était dans cette cellule ? Ces grilles de jeu tracées là, sur ce mur, c'est forcément lui. Il en remplissait tout le temps, à la maison... Il est ici ? Vous l'avez croisé ? Vous savez quelque chose sur lui ?

— Hélas non, je ne sais rien. Mais vous devez connaître son ami Noël. Il est dans la cellule d'en face. Vous pouvez lui parler à travers le judas.

— Noël ? Il est ici ? »

C'est comme si le soleil jaillissait dans cette pièce pourtant aveugle. La jeune femme se colle contre la porte. Et pendant des heures, Noël, de sa voix douce, la tranquillise de son mieux, lui affirmant que Camille va bien, qu'il avait bon moral quand il est parti.

Simone ne sera pas relâchée, ni le lendemain ni plus tard. Sans aucune preuve de son appartenance à la Résistance, mais pour le seul fait d'avoir porté du linge à son frère – et aussi parce qu'elle « ignore » où se trouve son autre frère, Edmond –, elle sera déportée dans le kommando de Holleischen, près de Ravensbrück, où elle échappera de justesse à la mort.

Noël, de son vrai nom Léon Garmy, n'a probablement jamais quitté Vichy. Son corps n'a jamais été retrouvé.

*

Je n'aurai pas côtoyé Simone et Noël longtemps.

Quelques jours plus tard, on me fait monter, avec Louis, dans une camionnette où se trouvent déjà d'autres compagnons d'infortune. On nous conduit à la prison de Moulins. Là, on sépare les hommes des femmes. Louis part d'un côté. Moi de l'autre.

Je vis désormais dans une toute petite cellule, froide et surtout humide, sans lumière du jour. Le matin, on a droit à une sorte de café, ignoble mais chaud. À midi, une soupe et, le soir, un morceau de pain. C'est peu mais, au moins, on me nourrit deux fois par jour !

Dans ce cachot, je m'attache à reprendre courage, attentive aux premiers signes de l'existence de mon bébé. Et je perçois à l'intérieur de moi de légers mouvements. Avec le recul, je crois les avoir rêvés, mais cela m'a fait du bien. Car je vivais la peur chevillée au corps.

*

Après deux mois à être trimballée de ville en ville, de cellule en cachot, aux mains de brutes françaises ou allemandes, j'échoue, début avril 1944, dans le camp de Drancy, près de Paris. Trois longues barres d'immeubles en U et tout autour des barbelés. Dans la grande cour, des milliers d'hommes, de femmes, d'enfants, de vieillards et d'invalides. Des dizaines de gendarmes français, fusils à l'épaule, font régner l'ordre. Mais ce sont des SS allemands qui dirigent. À peine arrivée, ils m'interrogent : « Nom, prénom, date de naissance, nationalité ? As-tu de la famille ? Où se trouve-t-elle ? » À Moulins, des camarades de cellule m'ont appris que, en tant que femme de prisonnier de guerre, je suis protégée par les conventions de Genève et que, à ce titre, j'ai droit à un traitement particulier. Alors, cette fois, à Drancy, je révèle ma véritable identité. Je dis à ces soldats que mon mari, Nathan Salamon, est lieutenant et qu'il a été fait prisonnier et envoyé en Allemagne. En revanche, j'affirme que nous n'avons pas d'enfants. On me conduit dans les dortoirs : lit en fer, matelas et couverture grise.

À Drancy, j'éprouve une terreur permanente : les SS, ici, sont des sauvages. Le plus craint est le patron du camp, Alois Brunner. Large cou, petites épaules mais, surtout, un regard impassible et une voix presque tranquille. Glacial. Dès qu'il arrive, je tremble, tout le monde tremble. Nous savons qu'à tout moment il peut entrer dans une rage folle, se déchaîner avec une haine et une violence indescriptibles, lui capable de tabasser une femme jusqu'à ce qu'elle perde connaissance. J'en ai vu certaines se faire traîner par les cheveux.

*

Des gens, il en arrive tous les jours, à Drancy, juifs en majorité, souvent des familles entières. Et régulièrement, il en repart. Plusieurs fois par semaine, des bus pleins à craquer quittent le camp. On nous dit qu'ils s'en vont travailler à l'est. Travailler ? Mais alors, les enfants, les vieillards, les invalides, pourquoi partent-ils eux aussi ? Le mot utilisé pour parler de leur destination est yiddish : *Pitchipoï,* l'équivalent de « Pétaouchnock ». Ils partent à *Pitchipoï,* un lieu inconnu, mystérieux. Un lieu inquiétant.

# Éclairage historique
# Drancy

Drancy se situe à quelques kilomètres au nord-est de Paris et a abrité, dès 1941, l'un des principaux camps d'internement des juifs français. À partir de mars 1942 et jusqu'en août 1944, Drancy devint, sous la surveillance des gendarmes français, le dernier lieu de transit vers les camps d'extermination. On le qualifiera d'« antichambre de la mort ».

Selon le Mémorial de la Shoah, entre 70 000 et 80 000 juifs y furent détenus. Parmi eux, 63 000 ont été déportés, principalement vers Auschwitz-Birkenau (en Pologne), mais aussi d'autres camps, notamment Bergen-Belsen (en Allemagne). Moins de 2 000 en sont revenus.

Alois Brunner – cité par Hélène –, officier SS, a dirigé le camp de juillet 1943 à août 1944. Il était aussi le bras droit d'Adolf Eichmann, haut fonctionnaire nazi, en charge pour le III^e^ Reich de la mise en œuvre de la « solution finale » : l'extermination des juifs en Europe.

À la Libération, Alois Brunner, considéré comme l'un des criminels de guerre les plus recherchés, a vécu quelques années caché en Allemagne, avant de se réfugier en Égypte (1953), puis en Syrie (1954). Condamné par contumace en France à la peine de mort pour crimes de guerre et crimes contre l'humanité, il passera la fin de sa vie à Damas, la Syrie ayant refusé son extradition.

# *Yvonne*

*Comment ne pas avoir un esprit de révolte quand on est la fille d'une résiliente, d'une résistante dans tous les sens du terme ? Était-il dans tes gènes et me l'aurais-tu transmis ? Ou bien me l'as-tu enseigné ? En tout cas, il me semble l'avoir toujours eu.*

*À l'école primaire, déjà. Ainsi, pour me faire élire déléguée, je mène campagne. Caractère bien trempé, esprit contestataire, je suis systématiquement élue. Étant toujours première de la classe, j'ai un certain crédit auprès des instituteurs et de la direction. Pendant les conseils de classe ou de discipline, je prends mon rôle très à cœur. Je me revois défendant nombre d'élèves. Avec une assurance peu commune pour cet âge, j'interviens souvent, sans que ma voix tremble, bataillant afin d'adoucir une sanction ou d'obtenir plus de tolérance pour des camarades qui traversent une passe difficile. Je suis leur avocate et j'ai souvent gain de cause !*

*Mes luttes sont multiples. Quand j'entre au collège, puis au lycée, le port du pantalon est interdit pour les filles ; moi, je refuse cette injonction. Toi, maman, tu me suis dans ce combat d'avant-garde, en me confectionnant des jupes-culottes. Tissu uni, bleu, gris ou noir, coupe droite un peu au-dessus des genoux, comme un pantalon très court. Ça peut paraître dérisoire aujourd'hui mais, à l'époque, c'était transgressif ! Je suis si fière, le premier jour où j'en porte. Mes amies, dans leurs robes, me regardent avec curiosité. Je bombe le torse. Je suis une fille, oui, mais pas soumise.*

*

*Années 60, guerre d'Algérie. À seize ans, je m'intéresse beaucoup à la politique et suis avec attention ce qui se passe de l'autre côté de la Méditerranée. Un après-midi ensoleillé, je prends le tramway pour aller en ville quand je vois un travailleur algérien se faire houspiller par un légionnaire en tenue. Ni une ni deux, je me lève et l'interpelle. Il faut m'imaginer : petite, fluette face à cette armoire à glace. Mais je nourris un tel sentiment de révolte devant l'injustice que faire le coup de poing avec le colosse ne m'impressionnerait pas ! Peut-être sais-je aussi, au fond de moi, qu'il ne lèvera pas la main sur une femme, encore moins une jeune fille. Personne ne bronche dans la rame, le légionnaire me fusille du regard et lance à l'Algérien : « Tu as de la chance, aujourd'hui ! »*

*

*À peu près à la même époque, je me lance dans une quête éperdue d'indépendance. Je DOIS couper le cordon malgré toi, malgré moi, presque.*

*Comme un gant jeté à la figure, j'abandonne donc le prénom que tu m'as donné, Yvonne, celui-là même que tu t'étais choisi en entrant dans la Résistance. Alors que papa et toi êtes toujours obsédés par la crainte d'un retour de la furie antisémite, alors que vous ne souhaitez qu'une chose, notre intégration discrète, moi je revendique mes racines ashkénazes et décide de me faire appeler Ivitch. Très portée sur la littérature, j'y vois aussi un hommage au personnage du même nom dans* Les Chemins de la liberté *de Jean-Paul Sartre. Ivich, libre, affranchie.*

*Papa et toi réagissez comme toujours : sans rien dire. As-tu été blessée ? M'en as-tu voulu ? Si c'est le cas, je n'en ai jamais rien su.*

*

*Années de fac à Aix-en-Provence. Dix-neuf ans à peine, je découvre l'expérience communautaire. Dans un vieux château, je rejoins des comédiens, des peintres, des artistes en tout genre, tous gauchistes. Expérience inoubliable que cette vie, spartiate certes, mais dans des lieux jamais fermés, avec ces repas joyeux, animés, excessifs. Je n'aime pas les conventions, alors cela me va bien ! Ici, je tente de me séparer de toi. Et dans cette quête de liberté, un livre me guide,* Les Nourritures terrestres, *d'André Gide. J'en connais encore une phrase par cœur : « Il ne me suffit pas de lire que les sables des plages sont doux ; je veux que mes pieds nus le sentent. » Éloge de la sensualité.*

*Je multiplie aussi les expériences amoureuses pendant de longues années. Il faudra que j'atteigne trente-huit ans pour accepter une relation stable. Peut-être y es-tu aussi pour quelque chose ? Quand on a baigné dans un tel amour maternel, quand la relation était fusionnelle à ce point, parvient-on à construire un autre amour ? Romain Gary le dit tellement mieux que moi lorsqu'il écrit : « Avec l'amour maternel, la vie vous fait à l'aube une promesse qu'elle ne tient jamais. On est ensuite obligé de manger froid jusqu'à la fin de ses jours. Après cela, chaque fois qu'une femme vous prend dans ses bras et vous serre sur son cœur, ce ne sont plus que des condoléances. On revient toujours gueuler sur la tombe de sa mère comme un chien abandonné. Jamais plus. Jamais plus. Jamais plus. Des bras adorables se referment autour de votre cou et des lèvres très douces vous parlent d'amour, mais vous êtes au courant. Vous êtes passés à la source très tôt et vous avez tout bu. Lorsque la soif vous reprend, vous avez beau vous jeter de tous les côtés, il n'y a plus de puits, il n'y a que des mirages*[1]. »

*

*À l'époque, j'ai donc tenté de couper le cordon invisible qui nous reliait. Mais y suis-je parvenue ? Au fond, je ne le crois pas. Je pense, au contraire, que toute ma vie j'ai agi en femme libre, certes, mais bien souvent pour que tu sois fière de moi.*

*Quand, en 1976, je quitte mon métier d'orthophoniste pour entrer en faculté de médecine, je le fais pour toi. Parce que tu m'as toujours dit qu'il s'agissait de la seule voie qui comptait à tes yeux. J'ai trente-deux ans, mais je décide de lâcher un travail que j'aime et dont je vis confortablement. J'oublie le crédit que j'ai sur le dos et me lance. Huit années de travail inouï, de huit heures du matin à minuit, tous les jours. Puis encore quatre ans de psychiatrie. Bonheur : je suis reçue première sur 670 étudiants. Mais je suis la doyenne, âgée de quarante-quatre ans !*

*Cette voie, si je l'ai prise pour lire la fierté dans tes yeux, je ne le regrette pas. Pas une seconde. Car être psychiatre m'a permis, ensuite, de rencontrer la « folie » humaine – la schizophrénie et autres psychoses qui me passionnent encore trente ans plus tard.*

1. *La Promesse de l'aube*, Romain Gary (Gallimard, 1960).

*Et puis, comme toi, n'ai-je pas essayé, toute ma vie, d'être au chevet des gens, surtout des plus démunis, moi qui, quand j'ai ouvert mon cabinet privé, ai pratiqué les mêmes tarifs que ceux de l'hôpital de la Timone ? À Marseille, on me surnommait « la psy des pauvres », et de cela tu aurais été fière !*

*Yvonne à quatre ans*

# Hélène

Début mai 1944, quelques dizaines de femmes et d'enfants sont rassemblés devant les barbelés du camp de Drancy, face à l'entrée. Nous sommes les nanties du camp. Toutes des femmes de prisonniers de guerre et, à ce titre, autorisées à emporter un paquetage. Les mères tiennent, bien serrées dans leur main, de petites valises. Moi, je n'ai rien, à part les vêtements que je portais quand j'ai été arrêtée et le baluchon où j'ai fourré un peu de nourriture. Tandis que le groupe s'ébranle, des chants s'élèvent. « Ce n'est qu'un au revoir » d'abord, puis « La Marseillaise ». Chaque fois que des Français quittent le camp, survient ce rituel : ceux qui restent chantent pour les accompagner.

En silence, nous grimpons dans des camions bâchés. On ne sait si l'on doit avoir le cœur lourd ou léger. Est-ce de revoir Paris défiler à travers les trous dans la bâche ? En tout cas, certains d'entre nous choisissent l'espoir. Moi, je n'y arrive pas.

J'ignore où nous allons et cela m'angoisse terriblement.

Descente devant la gare de l'Est. Si l'on prend un train, c'est que l'on va loin. Mais où ? Nous montons dans un wagon de troisième classe. Je prends place sur l'une des banquettes en bois. Heureusement que j'ai du pain, du sucre et des biscuits car, durant les deux jours de voyage, on ne nous donnera rien. Mais, prévoyante, je me garde bien de tout manger.

Le convoi passe par la Belgique, puis pénètre en Allemagne. Destination finale : Bergen-Belsen, dans le nord du pays. Ici aussi le camp est entouré de barbelés et planté de miradors. Seules ressemblances avec Drancy car, pour le reste, c'est bien pire.

*

Des soldats allemands hurlent, armés de matraques et flanqués de chiens qui aboient sans cesse. Ils nous comptent et recomptent sans que l'on comprenne pourquoi. De l'autre côté des barbelés, des détenus en tenue rayée nous observent, le regard vide ou avide, je ne sais plus. Tout est agression. Surtout, l'odeur est pestilentielle. Je comprendrai plus tard que c'est celle des corps brûlés à l'autre bout du camp, dans le four crématoire.

Nous empruntons l'allée centrale bordée de baraques, des *Blöcke*, comme ils les appellent. On nous désigne la nôtre. Avant d'y entrer, nous sommes de nouveau comptés. Une manie, chez eux. Notre baraque est identique aux autres, j'imagine : pas de chauffage, des châlits – lits superposés à trois étages. Nous sommes deux par paillasse. Avec une maigre couverture chacune. Moi, je suis enceinte de quatre mois. Et c'est ici que je vais devoir te couver.

*

On nous envoie aussitôt à la douche collective. Elle dure des heures car l'eau n'arrive pas. Nous sommes nus, femmes et enfants mélangés. Regard supérieur des soldats allemands qui nous observent. Dans leurs yeux, dès ces premiers instants, je ne me sens plus un être humain, mais un animal.

# Hélène

Le plus terrible a été la faim. Qui m'a immédiatement saisie et ne m'a jamais quittée. Être affamée, une douleur permanente. Une torture.

Midi et soir, nous avons seulement droit à une soupe. Enfin, une soupe, une demi-louche de liquide tiède dans lequel nagent des fragments de légumes, une fane, un éclat de rutabaga ou de betterave. Chaque semaine, on nous donne un pain rectangulaire. Un pain compact, noir, sec la plupart du temps, mais l'aliment le plus précieux dans le camp… car de loin le plus nourrissant. Pour moi, il s'agit surtout d'une monnaie d'échange : grâce à lui, je me procure des bouts de tissu qui te serviront de langes et un peu de lait en poudre qui, je le crois, t'a permis de rester en vie.

*

Pendant ces longs mois, je pense souvent au Seder d'autrefois, dans la maison de mes parents, à Varsovie, quand j'étais enfant. Le Seder, le rituel de Pessah – la Pâque juive –, moment important chez nous ! Ma mère passait tout son temps en cuisine, à concocter des plats. L'odeur du bouillon de poule embaumait la maison. Un bouillon de poule avec des *Lockschen,* délicieux vermicelles...

Si je sors vivante de cet enfer, je me promets d'en manger tous les jours, à longueur de journée ! Voilà donc que je me surprends, comme chacune d'entre nous, à rêver à de bons repas. De douces rêveries pour tromper la faim qui nous ronge le corps.

*

Je ne pèse plus qu'une trentaine de kilos. Et pourtant, mon ventre est gonflé. Un symptôme de la famine. Mais, comme nous avons toutes le même aspect, les SS ne soupçonnent pas ma grossesse.

Encore plus que d'être découverte par les Allemands, je crains de te perdre. Je repasse dans ma tête les cours suivis pour devenir sage-femme. Il y était beaucoup question de diététique pour les futures mères, des besoins du fœtus pendant sa croissance. Ainsi, je sais que ni moi ni mon bébé n'avons ce qu'il nous faudrait.

*

Et la situation ne fait qu'empirer. Au fil des mois, alors que le camp se remplit chaque jour de nouveaux déportés, les maigres repas deviennent aléatoires.

Moi, je ne cesse de guetter tout signe qui pourrait venir de mon ventre. Et puis, enfin, je te sens bouger. Oh, faiblement, mais cela me soulage tellement ! Mon bébé vit. Tu vis. Et tu te développes. Cela m'emplit d'une force incroyable, de beaucoup d'espoir.

J'ai la certitude que tu vas vivre, alors je protège mon ventre autant qu'il m'est possible. Et je me répète : « Heureusement que mon bébé est là. Il a chaud et pas trop faim. » Du moins, je l'espère...

*

J'ai la volonté farouche de te mettre au monde. Car je veux que la vie triomphe dans cet univers de mort. Cela devient mon obsession. Et probablement ma planche de salut. Ce désir, cet espoir fou m'ont aidée à tenir, j'en suis certaine. Grâce à toi, ma fille, j'ai pu m'oublier. Surmonter mes souffrances, mes moments de désespoir. Il est parfois plus facile de sauver quelqu'un d'autre que soi-même. J'ai agi comme ces mères qui, à côté de moi, se sacrifiaient pour leurs enfants, leur laissant leur ration quand la faim de leurs petits n'était plus tolérable. Combien sont mortes en sauvant ceux-ci ?

# Yvonne

*Après notre libération en avril 1945, tu as eu une autre obsession : me faire manger. Beaucoup. Trop. Jusqu'à mes quinze ans, tous les soirs, avant que je ne m'endorme, tu venais dans ma chambre m'apporter un fruit. Je t'entendais monter les marches. Arrivée au premier, encore quelques pas et tu frappais à ma porte. La seule question que je me posais alors était : quel fruit ? Une orange coupée en quatre ou une banane ? Je n'avais jamais faim, mais là n'était pas la question. À Bergen-Belsen, tu m'avais vue si rachitique, tu avais eu si peur que je disparaisse qu'ensuite manger devenait un devoir.*

*

*À chaque déjeuner, tu posais sur la table familiale un poisson et une viande. Impossible d'y couper. Et puis, évidemment, hors de question de gâcher. Tout devait disparaître. Jusqu'aux miettes de pain qui restaient sur la nappe à la fin du repas et que papa et toi rameniez consciencieusement vers la paume de votre main pour les jeter dans votre bouche. Prisonnier de guerre pendant cinq ans en Allemagne, papa aussi avait connu bien des privations.*

*Pour ma part, je subissais ces repas. Ayant rarement faim, je me souviens comme si c'était hier des crises à table. Lui et toi furieux ; il s'agissait des seuls moments où vous vous mettiez en colère contre moi. En rage, même, parfois. Un souvenir parmi d'autres : je devais avoir sept ou huit ans, j'étais très maigre et, comme d'habitude, je ne voulais pas me nourrir. Papa m'a attrapée et m'a descendue à la cave où il m'a laissée seule un long moment. Il a craqué avant moi : je n'ai rien mangé.*

*

*Aujourd'hui encore, j'ai rarement faim. Et je ne suis toujours pas bien grosse. Mais est-ce à cause de la privation originelle ou de la suralimentation qui s'est ensuivie ? Il me reste de cette époque le goût de la cuisine… et une certaine démesure. L'un de mes plus grands plaisirs est en effet de remplir mes deux énormes frigos, ainsi que les congélateurs. D'avoir de quoi nourrir un régiment entier alors que, la plupart du temps, je me trouve seule chez moi. J'ai même fait installer une cuisine digne d'un grand restaurant. Deux fours, une table de préparation, un piano pour les cuissons. Du matériel de professionnelle. Ou, en l'espèce, de passionnée. J'adore faire la cuisine ! Pas tellement pour moi, d'ailleurs, mais pour les autres. Les plats, de toutes régions et de tous pays, font partie de mon quotidien. Et si je ne passe pas derrière les fourneaux, je plonge dans ma bibliothèque consacrée exclusivement à la gastronomie.*

*Est-ce pareil pour tous les êtres humains ? Les premiers mois impriment-ils chez chacun d'entre nous une marque indélébile ? Ou bien suis-je une exception ? Je suis certaine, en tout cas, que ces mois presque sans nourriture, dans ton ventre puis une fois sortie, ont semé les graines de cette maladie chronique qui s'est déclenchée bien plus tard, à la faveur d'un séisme personnel. J'y reviendrai.*

# Hélène

Chaque jour passé était une victoire. Survivre, d'heure en heure, seconde après seconde. Se contenter de vivre la seconde présente, sans compter sur la suivante, car elle pouvait ne pas venir.

*

Au fil des mois, avec l'arrivée de dizaines de milliers de déportés venus d'autres camps – d'Auschwitz et d'ailleurs –, Bergen-Belsen se transforme en mouroir. Des gens crèvent toute la journée. La mort nous cerne littéralement. Dans les baraques, tout près de nous. Dans les allées, où des corps sont entassés par monceaux. Que les enfants s'amusent à compter. Chacun son tas. Celui qui en a le plus a gagné.

Je dors à côté des morts. Je vis à côté des morts. Je marche à côté des morts.

*

Les gens meurent d'abord d'épuisement. Je t'ai parlé de la faim. Le froid aussi est terrible durant cet hiver 1944-1945. Les températures tournent autour de moins vingt degrés, pendant des semaines, des mois peut-être. Rien de chaud à boire ni à manger. Aucun vêtement chaud. Jamais de chauffage dans notre baraque. Trouver le sommeil est bien difficile quand on tremble de tous ses membres, rongé par une humidité glaciale. Être affectée à l'infirmerie, le « *Revier* », m'a probablement sauvé la vie, nous a probablement sauvé la vie. Là, au moins, il y avait un peu de chauffage. Et j'y passais toute la journée.

Nous sommes anémiés, terrassés par la fatigue, par les maladies, surtout. Beaucoup ne vont même plus à l'infirmerie et restent dans les baraques, incapables de faire quoi que ce soit. Ils finissent par lâcher prise et rendre l'âme.

*

L'hygiène dans le camp devient atroce. La dysenterie nous tord le ventre. Les « toilettes » – en réalité des trous avec des planches au-dessus – se trouvent à l'autre bout du camp. Peu ont encore l'énergie de s'y rendre et, quand bien même parviennent-ils à fournir cet effort, ils ne tiennent bien souvent pas jusque-là.

Nos vêtements sont souillés. Les douches à ce moment sont déjà un lointain souvenir. J'ignore combien de douches j'ai pu prendre en dix mois. Deux ? Trois peut-être ? Avec cet hiver polaire, l'eau a dû geler dans les canalisations, parce que rien ne sort des robinets situés à l'extérieur de la baraque. On ne peut plus se laver. Et dans ce cloaque, sur nos paillasses et nos couvertures immondes, les poux prolifèrent. Pas les poux de tête, ceux de corps. Nous en sommes couverts. On a l'impression qu'ils nous dévorent. C'est un peu cela, d'ailleurs, car leurs piqûres nous transmettent le typhus. Des milliers en sont morts. Des dizaines de milliers, même.

*

Sur une couchette, voisine de la mienne, gît une toute jeune fille. Elle s'appelle Anne Frank. Elle me dit qu'elle a quinze ans, mais il est difficile de donner un âge, à Bergen-Belsen. Elle a l'air à la fois beaucoup plus jeune et beaucoup plus vieille. Je pense à mes enfants qui se trouvent dans le midi de la France et qui, certainement, en ce moment mangent correctement.

Elle chante en néerlandais. Elle chante, malgré cette maladie qui la terrasse. Elle aussi est atteinte du typhus. Une grande pitié m'envahit pour cette enfant courageuse, qui me fait comprendre un peu dans sa langue, un peu en français, qu'après la guerre elle ira visiter Paris. Je l'encourage à rêver, je lui souris et prononce des mots qu'elle ne comprend pas. Ses traits parlent pour elle : la mort approche.

# Éclairage historique
# Bergen-Belsen

Le camp de Bergen-Belsen se situe dans le nord de l'Allemagne, entre Hanovre et Hambourg. Il est effectivement associé aux noms d'Anne Frank qui y mourut, mais aussi de Simone Veil, qui en fut libérée le 15 avril 1945 par les soldats britanniques.

À sa création en 1940, on y interne des prisonniers de guerre. À partir de 1944, les nazis le transforment en camp de concentration. Y sont désormais détenues toutes les catégories de victimes de la doctrine hitlérienne : juifs, opposants politiques, tziganes, homosexuels. À la faveur de l'offensive alliée et de l'avancée des soldats russes, les Allemands évacuent progressivement les camps de Pologne, puis de l'est de l'Allemagne. Ce sont « les marches de la mort ». Des dizaines de milliers de déportés, déjà terriblement affaiblis, décèdent pendant ces déplacements forcés. Ceux qui survivent affluent à Bergen-Belsen. En quelques mois, le nombre de déportés y passe de 15 000 à 60 000. Le camp devient volontairement un camp de mort lente. La famine organisée et une épidémie de typhus font des ravages. On estime à 125 000 le nombre de détenus à Bergen-Belsen entre 1940 et 1945. Et à 50 000 celui des hommes, femmes et enfants qui y sont morts, de faim et de maladie.

# Hélène

Février 1945. Le froid est indescriptible. J'ai l'impression de vivre entourée d'êtres désincarnés. Certaines femmes avancent comme des automates, posant leurs pieds mécaniquement l'un devant l'autre. On dirait que leurs jambes n'ont plus d'articulations, qu'elles pèsent des tonnes. Elles les ont bandées de chiffons pour tenter de les réchauffer, peine perdue. D'autres ont les pieds enflés, comme prêts à exploser – la conséquence des œdèmes causés par le manque de nourriture. Les visages, eux, sont émaciés, les lèvres bleues. Ces femmes-là n'en ont plus pour longtemps, je le sais.

Tous les matins, on sort des baraques les morts de la nuit précédente. On les allonge sur une voiture à bras que les déportés valides poussent vers le grand portail qui mène au crématoire. Et derrière cette charrette, tous les matins, se déroule le même spectacle. Les rares amis ou parents accompagnent ce chargement le long du chemin, en récitant un *kaddish* et en versant des larmes, quand ils en ont encore.

*

À l'infirmerie, nous nous occupons des femmes et des jeunes filles allongées sur des grabats. Elles souffrent quasiment toutes de dysenterie. J'aimerais te dire que nous les soignons, mais ce n'est pas le cas. Pas de médicaments pour les juifs ! Alors nous vidons les bassins et leur donnons à boire de l'eau froide pour les hydrater. Les médecins, eux, tentent de raviver leur moral, de leur insuffler un peu d'espoir, leur suggérant que la Libération est peut-être pour demain…

Ils sont tous très croyants. Un Hollandais est là avec sa femme et ses deux filles. Lui refuse de manger la soupe distribuée dans le camp car elle n'est pas casher. Alors, dès qu'il le peut, il échange sa ration de soupe contre un petit morceau de pain noir. Mais il n'y a pas grand monde pour troquer cette eau tiède contre du pain. Ne pas manger cette soupe, quitte à mourir : la foi peut mener à des actes fous. En tout cas, elle en a mené certains à la mort, comme ce médecin.

*

Ce soir, à l'infirmerie, on s'apprête à célébrer la Pâque. Je suis de repos. Alors, assise sur une couchette, en spectatrice, j'observe les préparatifs et me demande ce qu'ils vont bien pouvoir sortir en guise de nourriture.

Au milieu de la baraque, deux infirmières installent une table sur laquelle elles tendent une nappe d'une blancheur immaculée. Mais où l'ont-elles dénichée ?

Au lieu d'assiettes, des carrés de papier sur lesquels on pose des verres d'eau. Les déportés s'assoient sur des banquettes improvisées. Un médecin récite la Haggadah, qui guide tout le rituel de Pâques. À table, il y a mademoiselle Rothschild, une belle jeune fille d'une vingtaine d'années, gracieuse et digne, infirmière comme moi. La pauvre doit interrompre ses prières et son chant chaque fois qu'un malade lui fait signe de lui apporter le bassin.

Moi qui ne crois pas en Dieu, je pourrais la remplacer dans sa besogne, afin qu'elle célèbre cette fête si singulière pour les juifs. Je m'approche d'elle, lui glisse : « Ne te dérange pas, je ferai le service à ta place ce soir. » C'était mal la connaître, car voici qu'elle me répond : « Il serait plus doux à l'Éternel de me voir remplir mon devoir. »

C'est étonnant comme, dans le camp, les gens sont restés profondément croyants. Moi, je ne crois plus depuis mes quinze ans. Parmi eux, je suis presque comme une brebis galeuse. On me tolère malgré mon incroyance et certains, je le sens, m'aiment, car le colis providentiel que j'ai reçu de la Croix-Rouge, je l'ai partagé avec ces compagnons d'infortune. Pour les juifs croyants, une bonne action vaut une prière.

# *Yvonne*

*La seule chose que je dois reconnaître aux nazis, c'est qu'ils ont exacerbé en moi le sentiment de judéité. Je suis athée, je ne célèbre aucune fête religieuse, mais je me sens juive et porte autour du cou l'étoile de David. Naître dans ces conditions, vivre avec toi dans ces conditions et, plus tard, découvrir l'étendue de la Shoah dans son ignoble et implacable organisation m'ont rendue juive. Tout à fait juive. Complètement juive. Et je revendique cette identité, moi qui suis encore de ce monde, quand des millions d'autres l'ont quitté, justement parce qu'ils étaient juifs.*

*

*La Shoah, j'y songe tous les jours. Je me demande encore comment cette atrocité a été possible. Je pense à toi, à toutes les souffrances que tu as endurées. En revenant, tu avais tellement mal au dos que parfois tu n'arrivais pas à rester couchée. Je te revois brisée de douleur, agenouillée, la tête posée sur ton matelas. On a fini par découvrir la source de ce mal : pendant ta déportation, un kyste s'était formé sur ta colonne vertébrale. On a dû t'opérer deux fois. Et chaque fois, je te voyais revenir le torse entier dans un plâtre. Je détestais te voir souffrir, j'aurais voulu prendre ta douleur.*

*Je ne peux pas oublier. Je n'y arrive pas. Un philosophe a écrit : « Ce qui est inoubliable est impardonnable. » Cela me paraît très vrai.*

*

*Je n'ai eu, dans ma vie, qu'une seule relation amicale avec un Allemand. C'était un artiste photographe, Alfons Alt, qui avait quitté son pays pour vivre en France. Ce fut le seul. Ce n'est peut-être pas glorieux, mais c'est ainsi et je refuse d'en rougir. D'autres ont fait le chemin vers le pardon, certains sont même retournés là où ils avaient tant souffert ; moi je ne peux pas. Le son de la langue allemande m'agresse.*

*Je l'ai souvent dit, je le redis ici, je ne mettrai jamais les pieds en Allemagne ni en Pologne, où toi, maman, et ta famille avez tant souffert des pogroms. Je ne pardonnerai jamais.*

# Hélène

L'antisémitisme comme système politique, je ne l'ai pas découvert avec l'Allemagne de Hitler. Je l'ai côtoyé dès mon enfance en Pologne.

*

Je suis née le 20 octobre 1905, dans une petite ville appelée Miedzywcz. Mon père, Lipa Kaminer, avait un important commerce de tissu en gros. Nous vivions aisément, mais sans faste. Il était aussi rabbin et on venait le consulter de toute la Pologne pour éclaircir des questions théologiques. C'était un autre temps. On a du mal à se l'imaginer aujourd'hui mais ma mère, ta grand-mère, a rencontré son mari le jour de leur mariage. Sa belle-famille était arrivée au complet. Le père, la mère, les quatre fils. Elle m'a raconté son excitation mêlée d'angoisse lorsque, en regardant par la fenêtre, elle essayait de deviner lequel elle allait épouser. Ils étaient fiancés mais ne s'étaient jamais vus.

Mes parents ont eu sept enfants : six filles, puis un garçon. À la maison, les filles pouvaient faire des études, mais nous n'avions pas le droit de porter une robe décolletée ou sans manches. Ni de chanter, de danser ou de jouer d'un instrument de musique. Mon père nous expliquait que nous étions en deuil, un deuil entamé deux mille ans plus tôt, à la destruction du temple de Jérusalem. Nous attendions le Messie qui nous ramènerait en Terre sainte.

*

En 1918, nous sommes 5 millions de juifs dans le pays, là depuis des générations. Avec la Deuxième République, un statut spécial est créé pour nous. Nous sommes transformés en sous-citoyens, il nous est interdit de devenir fonctionnaires ou d'enseigner ailleurs qu'au sein d'écoles juives. Dans les facultés, un *numerus clausus* est instauré pour les juifs. Ma sœur aînée, en tant que juive, n'a pas le droit de s'asseoir sur les mêmes bancs que les autres étudiants. Hitler n'a rien inventé. Tous les jours, des juifs sont tabassés parce qu'ils sont juifs. Je ne le dis pas à mes parents mais, à cette époque, la foi m'abandonne. Ou je l'abandonne, qui sait ?

*

En 1919, j'ai quatorze ans et la guerre éclate entre la Pologne et la Russie. Si notre petite ville est tantôt entre les mains des Russes, tantôt entre celles des Polonais, pour nous pas de répit : nous sommes persécutés en permanence, par les uns, puis par les autres. On égorge les juifs, on viole les juives, avant de les assassiner. J'ai encore dans les oreilles les cris des cosaques : « Tue les juifs, sauve la Russie. » Les soldats polonais sont tout aussi sanguinaires.

Mes parents pensent que nous serons davantage en sécurité dans la capitale. Ma mère part en premier pour Varsovie, avec trois de mes sœurs. Quelque temps plus tard, mon frère de quatre ans, mes deux autres sœurs et moi prenons le train avec mon père.

Je suis la plus grande et j'ai sur moi l'argent de la famille, caché dans mes sous-vêtements. Mon père, nerveux, aurait préféré être tué que de se camoufler en non-juif, alors il est là assis dans ses vêtements noirs, sa longue barbe intacte. Et il murmure des prières. Le train s'arrête dans une gare. On entend des cris, des gémissements et aussi des hurlements de soldats polonais. Par la fenêtre, je les vois avec leurs rasoirs étincelant au soleil. Par terre, des barbes coupées, de la chair qui saigne, barbes de juifs polonais, jetés du train et piétinés. J'ai quatorze ans et j'ai peur. Sans vraiment réfléchir, je décide que nous, les enfants, devons faire paravent. Nous entourons mon père et, quand les soldats aux rasoirs scintillants pénètrent dans notre wagon, nous hurlons de frayeur. Il faut croire que quelque chose se produit : ceux-ci sortent sans nous toucher. Nous pleurons tout le reste du voyage. À Varsovie, notre père allume une petite bougie pour rendre grâce à Dieu, le remercier de ce miracle…

*

Un miracle, mais pas deux. Ma mère, mon père, trois de mes sœurs, mon frère, mes oncles, mes tantes, mes cousins… Comme tous les autres juifs encore à Varsovie en 1942, ils ont rejoint le ghetto, puis ont été déportés dans le camp d'extermination de Treblinka. Presque toute ma famille est morte là-bas. Partie en fumée.

*Les parents d'Hélène*

# Éclairage historique
# Treblinka

Treblinka est un camp d'extermination, situé à une centaine de kilomètres au nord de la capitale polonaise. Y étaient déportés essentiellement les juifs du ghetto de Varsovie et de quelques autres ghettos polonais.

Ce camp, dédié à la mise à mort des juifs, est l'un des exemples les plus terribles de la solution finale.

Deux mois après son ouverture en juillet 1942, plus de 300 000 juifs y avaient déjà été gazés. Contrairement à Auschwitz, il n'y avait pas de four crématoire. Les corps étaient sortis des chambres à gaz puis jetés dans d'immenses fosses communes. En 1943, il est décidé d'abandonner le camp. Comme chaque fois, les nazis entreprennent de faire disparaître les preuves. Des centaines de milliers de cadavres sont alors exhumés, pour être brûlés dans d'immenses brasiers. Les détenus juifs cantonnés à cette tâche comprennent que la fermeture est proche et, avec elle, leur extermination. Le 2 août 1943, ils lancent une insurrection. Une centaine parvient à s'évader.

Plusieurs d'entre eux survivront et témoigneront de l'horreur du camp.

En moins d'un an, selon les sources, entre 800 000 et 1 200 000 personnes ont été assassinées à Treblinka.

# *Yvonne*

*Comme j'aurais aimé que tu me racontes ma naissance, maman. Mais tu ne l'as jamais fait. Tu n'as jamais voulu. Et tu ne l'as pas non plus racontée dans les écrits que tu nous as laissés. Hélas. Tu ne pouvais pas, sûrement. Était-ce trop douloureux ? Trop chargé, comme nous, les psys, aimons à le dire ?*

*En tout cas, moi, je l'ai imaginée des milliers de fois. J'ai lu et écouté de nombreux témoignages de rescapées de Bergen-Belsen. Ici ou là, ma naissance est évoquée. Alors, je la vois ainsi.*

*

*C'est le soir, il fait nuit et les premières contractions surviennent. Tu te rends à l'infirmerie. Pas même besoin de lumière, tu pourrais y aller les yeux fermés, c'est là que tu es affectée la journée. Tu disposes des couvertures sur le sol et, par-dessus, ce drap que tu as lavé à l'eau froide avec un petit bout de savon mis de côté en prévision. Tu allumes une bougie que tu caches sous une casserole à peine relevée, pour ne pas être repérée. Plus que la lumière, la flamme t'apporte du réconfort. Une petite lueur pour te sentir moins seule, pour te donner du courage.*

*Tu es bien placée pour savoir ce qui t'attend : tu es sage-femme et tu as déjà mis au monde Georges et Maguy. Tu sais qu'il va te falloir fournir des efforts colossaux, car tu ne pèses qu'une trentaine de kilos et tes muscles ont fondu. Comment pousser, alors ? Comment trouver la force de me sortir de toi, alors que tu es exsangue ?*

*

*Le travail est très long. Et très difficile. Mais dans la nuit, je finis par sortir sans un cri, sans un pleur, comme si j'avais intégré le fait qu'il fallait se cacher.*

*Je suis tellement petite... Je dois peser moins d'un kilo et demi. Minuscule demoiselle, avec un tout petit nez. Comme pour tes autres enfants, tu es émerveillée. Tu me trouves si jolie ! Et tu me détailles attentivement, en bonne professionnelle que tu es. Ma tête, mes membres, mes mains, mes petits doigts de pied, je suis bien faite : tout est là. Tout va bien.*

*Tu coupes toi-même le cordon ombilical et me serres sur ta poitrine.*

*

*Miracle, alors que tu n'en as pas eu après tes premières grossesses, tu découvres que tu as un peu de lait. Et je tète. Un moment de pure grâce.*

*Tu m'enveloppes dans les morceaux de tissu que tu as échangés depuis des mois contre des rations de pain. Langes de fortune. Et comme ces femmes africaines qui portent leur enfant bien serré contre leur dos, tu me tiens tout contre ta poitrine.*

*Pendant six mois, je vivrai ainsi, emmaillotée et cachée sous ta blouse. Six mois où je n'ai jamais pleuré ni même geint. Je devais me sentir en sécurité contre toi. La chaleur, l'odeur de ce peau-à-peau devaient me réconforter. Les mouvements de ton corps me bercer. Je ne bougeais presque pas.*

*À toi, cette naissance a donné une force immense, tu voulais me sortir de là vivante. Tu n'avais plus qu'une seule pensée : comment me nourrir ? Cela a occupé toutes tes journées, tout ton temps.*

*

*Ce que tu trouvais, je l'acceptais. De la soupe aux rutabagas, des morceaux de betterave crue, que tu mâchais longuement avant de les déposer dans ma bouche... Je n'ai jamais rien refusé. Et puis, tu avais un peu de lait, même du lait en poudre, que tu avais échangé et que tu me donnais délayé dans de l'eau froide.*

*Tu m'as appelée Yvonne, à cause du prénom de madame de Gaulle. C'était le pseudonyme que tu t'étais choisi en entrant dans la Résistance.*

# *Yvonne*

*Maintenant, maman, je vais te raconter une histoire extraordinaire. Qui m'est arrivée. Et qui m'a permis d'apprendre des détails sur le moment où tu as accouché dans le camp mais, surtout, m'a donné une magnifique leçon d'humanité.*

*

Cela se passe au début des années 2000. Le monde du théâtre bruit alors de la magistrale interprétation de la comédienne Mireille Perrier. Sur les planches parisiennes, elle incarne une fillette qui raconte sa guerre. Son arrestation avec sa mère, en 1943. Leur internement. Leur déportation à Bergen-Belsen. Mireille Perrier incarne Francine Christophe, qui a relaté son histoire dans un livre[1].

1. *Une petite fille privilégiée : une enfant dans le monde des camps, 1942-1945*, Francine Christophe (L'Harmattan, 1996, rééd. Pocket, 2001).

*La presse est dithyrambique. Mon cousin, Jean-Pierre, m'offre ces mémoires.*

*« Je fus une petite fille privilégiée… » en sont les premiers mots. Ils m'ont marquée parce qu'ils m'ont paru bien étranges sous la plume d'une femme qui a passé son enfance dans mon camp. Je lis son récit. Ses premières années, choyée par ses parents. Puis son père, prisonnier de guerre. Sa mère et elle, déportées. Je lis ce que tu ne m'as jamais raconté de vive voix, ou seulement par minuscules bribes. Dans ce regard d'enfant, je découvre, crue, l'horreur du camp où je suis née. Francine Christophe, elle, avait alors onze ans.*

*« Les morts traînent dans tous les coins. La cheminée du crématoire fume tout le temps.*

*L'odeur de Bergen-Belsen, qui nous surprit au début, ne nous importune plus.*

*Odeur de chair qui brûle, de chair qui pourrit.*

*Moi aussi, je pourris. L'impétigo me recouvre les mains. Mes doigts rejoints par des croûtes ont l'air palmés. Je ne peux plus les plier. Maman me donne à manger.*

*L'impétigo se répand. Mes oreilles sont loqueteuses. Maman m'arrache les croûtes à l'aide d'une pince à épiler conservée dans le paquetage.*

*Je hurle, j'en ai plein les cheveux.*

*[…]*

*Les rations diminuent. Aïe les crampes d'estomac ! Quelle torture ! Ma poitrine se creuse et mes os ressortent, mais mon ventre, qu'il grossit, qu'il gonfle ! »*

*Et, page 124, ces mots :*

*« Maman, malgré la formelle interdiction de sortir la nuit, est allée cependant à l'hôpital [...]. Madame S. y met au monde une jolie petite fille. Maman va la voir en portant à l'accouchée un morceau de chocolat, qu'elle gardait en réserve pour des jours encore plus durs. »*

*

*Une naissance dans le camp. Madame S. Ce ne peut être que moi ! Quelqu'un connaît donc mon histoire, m'a vue naître ou presque, t'a côtoyée là-bas.*

*Je me mets en tête de retrouver Francine Christophe, de lui parler, de l'écouter, surtout. J'écris à son éditeur à son attention et laisse mon numéro de téléphone.*

*Quelques jours plus tard, elle m'appelle. Une voix grave, élégante, douce. Elle fait ce que tu n'as jamais pu faire avec moi, maman. Elle me raconte l'Histoire et, en l'occurrence, mon histoire. Elle parle de toi, me dit à quel point tu étais respectée, appréciée, même. Elle m'apprend tout ce que j'ignorais sur ma naissance.*

*« Elle n'était pas bien grosse, ta mère. On ne voyait pas qu'elle était enceinte. Si elle ne nous l'avait pas dit, on ne l'aurait jamais su. Et toi aussi, tu étais toute maigrelette. Et surtout tu ne mouftais pas. Pas un pleur pendant tous ces mois ! C'était fascinant… Pourtant, toi aussi tu devais avoir faim et froid, mais c'est ainsi, tu n'as pas poussé un cri. »*

*

*Et je découvre la grandeur d'âme d'une fillette de onze ans. Sa mère, Marcelle Christophe, gardait pour elle un peu de chocolat qu'elle avait dans son baluchon avant de partir en déportation. Il devait la réconforter le jour où, dans l'enfer de Bergen-Belsen, n'en pouvant plus de peur, de froid et surtout de faim, sa jolie petite fille blonde aux yeux bleus le réclamerait.*

*Le soir où tu m'as mise au monde, voici ce que Marcelle a dit à Francine : « Hélène peut mourir cette nuit. Elle va accoucher et il n'est pas du tout sûr qu'elle soit encore vivante demain matin. Ce chocolat que nous avons va l'aider, peut-être même la sauver ! Le sucre lui donnera de l'énergie et elle en a grand besoin… Mais ce chocolat est à toi et, bien sûr, on peut également le garder. »*

*La petite, pourtant elle aussi tenaillée par la faim, n'a pas hésité, pas même une seconde : « Oui, maman, évidemment, offre-lui notre chocolat. » Merveilleux.*

*Dans un tel moment, nul doute que le sucre a dû te donner de l'énergie... mais surtout quel geste ! Quelle humanité ! Tu as forcément été émue toi aussi, maman, quand Marcelle t'a tendu ce morceau de chocolat.*

*

*Lorsque j'entre en contact avec Francine, plus de cinquante ans après notre libération, elle témoigne dans des écoles et participe à des colloques. Sur le conseil de sa fille, elle organise une conférence sur l'absence de psychologues en 1945, qui auraient pu aider les rescapés. Le thème : notre vie aurait-elle été différente, moins dure, si nous avions été accompagnés ?*

*Je décide de m'y rendre. Voyage à Paris. Impatience. Me voici enfin dans cette assemblée. Francine est là devant moi, sur l'estrade, entourée de professionnels. Elle a le physique de sa voix : élancée, élégante, posée. Des yeux doux. Je l'écoute. Elle témoigne, sans trembler, souriant même, souvent. Le micro passe de main en main, jusque dans le public. Je me lève la première. Toute tremblante, pour le coup.*

*« Je m'appelle Yvonne Salamon. Je suis psychiatre à Marseille. J'aurais beaucoup de choses à dire sur cette question passionnante mais, aujourd'hui, je suis venue vous donner quelque chose, madame* Christophe. *Ou plutôt vous rendre quelque chose. »*

*Je m'avance vers elle en fouillant dans ma poche. Et, arrivée à sa hauteur, très émue, je lui tends un chocolat et lui dis :* « Je suis le bébé. »

*Des larmes emplissent ses yeux. Et les miens. Elle se lève, descend de l'estrade et me prend dans ses bras. Je n'ai plus aucun souvenir des gens tout autour. Simplement elle et moi, enlacées.*

*

*Je n'en reviens toujours pas que tu ne m'aies jamais conté cette magnifique histoire, maman. Il m'a fallu attendre de tomber sur un livre pour la dévorer, ligne après ligne. Un petit morceau de chocolat qui t'a peut-être sauvé la vie, qui nous a peut-être sauvé la vie à toutes les deux. Chaque fin d'année, j'envoie à Francine les meilleurs chocolats que je trouve. Son geste, d'une rare humanité, je ne l'oublierai jamais.*

# *Yvonne*

*Pendant de très longues années, j'ai souffert d'un secret. Celui de ma conception. Pendant des années, j'ai cru l'incroyable. Quelle histoire folle que celle-ci !*

*Tu as donc vécu toute ta grossesse en captivité car, lorsque tu as été arrêtée en février 1944 par la Milice française, tu étais enceinte d'un mois. Tu m'as mise au monde à Bergen-Belsen, huit mois plus tard.*

*Ton mari, Nathan, lui, avait été fait prisonnier de guerre en 1940.*

*Quand vous vous êtes retrouvés en 1945, à Marseille, tu avais donc un enfant. Tu lui as dit que j'étais hollandaise, que ma mère était morte dans le camp et que tu m'avais prise sous ton aile. Nathan m'a reconnue et, sur les papiers d'identité, il a fait inscrire : « Née le 15 août 1945, à Marseille. » Je reviendrai plus tard sur tout cela : encore un autre chapitre de mon histoire.*

*

*Les premières vraies questions ne me sont venues que vers l'âge de seize ans. Il faut comprendre que, après la guerre, pendant très longtemps, des années, des décennies pour certains, les déportés ne parlent pas des camps. Ils consacrent toute leur énergie à vivre et à cacher ces douloureux souvenirs aussi loin que possible, au fond de leur mémoire. Toi et papa ne faites pas exception.*

*J'avais bien entendu dire à l'école que j'avais été adoptée, mais j'y voyais des paroles malveillantes d'enfants idiots. Et puis, à seize ans, lors d'un cours d'histoire, je découvre la date de la libération du camp de Bergen-Belsen, le 15 avril 1945. Or ma date de naissance officielle (la seule que je connaissais alors) est le 15 août 1945. Tout naturellement, je te demande comment tu as pu tomber enceinte et tu me racontes une extravagante histoire : « Papa s'est échappé de son camp de prisonniers à Lübeck. Il a volé un uniforme de la Croix-Rouge. Et il s'est introduit de nuit à Bergen-Belsen avant de repartir au petit matin. C'est cette nuit-là que nous t'avons conçue. »*

*J'ai seize ans, je suis en âge de comprendre qu'il s'agit d'un conte de fées. Et pourtant, j'y crois. Inconsciemment, je sens que cela ne colle pas, mais tes paroles sont sacrées, pour moi, alors je les accepte.*

*Jusqu'au jour où je découvre le film* Nuit et Brouillard *d'Alain Resnais, que je n'avais pas vu à sa sortie. Je prends alors conscience que ton scénario est purement romanesque.*

*

*À partir de là, combien de fois t'ai-je demandé si tu n'avais pas été violée par un nazi ? Chaque fois, tu me rassures en m'expliquant qu'un nazi n'aurait jamais touché une femme juive. La seule certitude pour moi est que tu es bien ma mère car je te ressemble beaucoup et, détail important, nous avons les mêmes mains.*

*Mais le trouble s'installe. Désormais, je me trouve différente de mes frères et sœur. Je constate que je n'ai pas la même morphologie. Cela ne m'empêche pas de continuer à les aimer ni à vivre ma vie. Mais je suis en permanence habitée par ce doute sur les circonstances de ma conception. Me mentirais-tu ? As-tu été violée ? M'as-tu adoptée ? Douter de toi, c'est comme ne plus croire en l'univers, ne plus croire en rien. Terrible.*

*

*Arrive le jour où j'assiste à une cérémonie à la maison. On est en janvier 1973, j'ai vingt-huit ans.*

*Vingt-huit ans ! On va te remettre la croix de chevalier de la Légion d'honneur. Il y a la famille, des amis, des journalistes et Louis T., ton compagnon de Résistance, arrêté et torturé en même temps que toi, chargé de célébrer la cérémonie.*

*Louis, je le connais bien : un vieil ami de la famille, bien avant la guerre déjà. Il avait fait ses études de médecine avec papa. À Noël, il nous envoyait des cadeaux. Parfois, il oubliait mes frères et ma sœur, mais moi, jamais.*

*Je te revois ce jour-là, avant que Louis n'arrive, te mettre du rouge à lèvres, toi qui n'en portais presque jamais. Bref, c'est l'heure de ta décoration, je suis au premier rang devant lui et je l'écoute parler de toi. J'ai rapidement l'impression qu'il vole mes mots, que ce discours, j'aurais pu l'écrire. Je commence à l'examiner. Et cela m'apparaît comme une évidence : il me ressemble. Ou plutôt, je lui ressemble, au moins pour le visage. Car sinon, lui est grand et moi petite, comme toi maman.*

*Après la cérémonie, je vais te voir.*

*Tu es dans la salle à manger, je m'assieds auprès de toi et te dis sans détour : « Maman, ne me mens plus, je t'en supplie ! Je sais au fond de moi que papa n'est pas mon père biologique… C'est Louis T., n'est-ce pas ? » Bref silence. Et aussi simplement que je viens de l'affirmer, tu me le confirmes : « Oui. » Vertigineux.*

*Mon père n'est pas mon père, mes trois frères et sœur sont mes demi-frères et sœur. Et j'ai donc deux autres demi-sœurs : les filles de Louis.*

*

*Le choc est terrible et mon corps disjoncte. Diversion opportune. Comme pour soulager mon esprit assailli de questions, de craintes, de déceptions, je tombe immédiatement malade, physiquement malade. Fièvre, douleurs. Sommeil forcé. Au bout de deux jours, je décide malgré tout d'aller voir Louis. J'ai besoin qu'il me confirme la vérité. Qu'elle sorte de sa bouche. Je me suis tellement inquiétée, j'ai eu tellement peur que tu n'aies été violée que j'ai le besoin impérieux de l'entendre dire qu'il est bien mon père biologique.*

*Me voici donc devant un petit mas. Je rentre d'abord dans un vaste jardin. Sur la gauche, une serre pleine de citronniers, de fleurs superbes. Dans son costume toujours impeccable, il vient vers moi, m'embrasse sur les joues et me fait entrer dans cette maison que je ne connais pas. Je prends place devant la cheminée pendant qu'il allume un feu en silence. Ce silence me gêne, mais je ne veux pas prononcer les premiers mots. Je me souviens de ce détail – je ne tenais pas à amorcer le dialogue, à lui rendre la tâche trop facile – mais, bizarrement, j'ai oublié ce qu'il m'a dit pendant ces quelques heures passées ensemble. L'essentiel était qu'il me confirme, les yeux dans les yeux, qu'il était mon père. Ce qu'il a fait. Je me rappelle la bienveillance dans sa voix et son regard.*

*Le lendemain, mon corps reprend le dessus, je suis de nouveau sur pied.*

*

*À aucun moment je ne lui en ai voulu. Lui en vouloir aurait été t'en vouloir à toi, maman. Impossible. La seule chose qui m'a étonnée, je peux l'avouer aujourd'hui, c'est que tu aies eu une histoire d'amour avec un ami de vingt ans. Étonnée, mais jamais choquée. Tu avais passé quatre ans seule, tu l'admirais – peut-être l'as-tu même aimé ? – et l'avenir paraissait bien incertain, alors… Comment te juger, toi qui ne jugeais jamais personne ? Néanmoins, quelle déflagration dans ma vie ! Non pas morale mais psychologique. Quelque temps plus tard, on m'a diagnostiqué une maladie – le diabète – et je n'ai aucun doute sur le fait que ce choc y est pour quelque chose. La psychiatre que je suis devenue est bien placée pour le savoir.*

# Retranscription d'extraits du discours de Louis T.

*« Nous voici donc réunis à l'occasion de la remise à madame Hélène Salamon de la croix de chevalier de la Légion d'honneur pour des faits remontant aux années 1943-1944-1945, soit à trente ans déjà.*

*C'est dire si l'on n'est pas pressé en haut lieu de distinguer certains de ceux qui ont su, à cette époque lointaine, où était le chemin du devoir, où était le chemin du sacrifice.*

*Dans un ouvrage que j'ai publié, peu après mon retour de déportation [...], je reproduisais le texte de la proposition de citation pour l'attribution de la médaille de la Résistance [...].*

*"Agent de liaison des Mouvements unis de la Résistance du Gard, madame Salamon a toujours accompli une tâche aussi délicate que périlleuse avec autant d'esprit de dévouement que d'intelligence et de courage.*

*Arrêtée par la Milice alors qu'elle transportait un courrier important, elle s'est obstinément refusée à parler malgré de durs sévices et d'infâmes tortures. Elle n'a donné aucune adresse ni aucun nom, évitant ainsi un désastre qui eût été irréparable pour l'activité de la Résistance dans le département du Gard.*

*Livrée à la Gestapo, elle a maintenu son attitude de bravoure et de sacrifice. Elle a été déportée dans le bagne hitlérien de Bergen-Belsen où les charniers atteignaient des hauteurs de montagne. Elle en est rentrée grandie encore si possible dans son âme."*

*Comme je l'écrivais alors, Hélène Salamon a bien mérité de la cause française.*

*Or, cette médaille de la Résistance, elle l'attend encore et l'attendra sans doute ad aeternam puisque la liste en est close depuis plus de deux décennies. [...]*

*Dirigée en avril sur Drancy, en mai, elle est acheminée sur Bergen-Belsen où elle vécut, ou plutôt survécut, une année effroyable de misère, d'épouvante et de terreur.*

*Si l'on parle beaucoup de Buchenwald et de Ravensbrück, c'est qu'un nombre relativement élevé de déportés français des deux sexes en sont revenus.*

*Si l'on parle peu de Bergen-Belsen, c'est que, sauf miracle individuel, on n'en revenait pas.*

*Or ce miracle individuel, nous l'avons là, devant nous : c'est Hélène Salamon.*

*Qui dira le courage dont elle sut faire preuve pour échapper à la bête hitlérienne ? Qui dira l'énergie qu'elle sut entretenir en elle-même pour ne pas être jetée à terre et écrasée par l'ignominie des SS ? Qui dira la volonté de survie qui fut la sienne pour que la mort ne l'emporte pas ?*

*Devant de telles épreuves, les mots sont trop pauvres pour traduire nos sentiments.*

*Que je me contente de dire :*

*Hélène Salamon, les tiens et tous ceux qui t'entourent et tous ceux qui te connaissent sont fiers de toi au rappel de ces faits. »*

2
Son retour d'un séjour du bagne allemand de Bergen Belsen.

« Agent de liaison du chef départemental des Mouvements Unis de la Résistance du Gard, Mme Salomon a toujours accompli une tâche aussi délicate que périlleuse avec autant d'esprit de dévouement que d'intelligence et de courage.

Arrêtée par la Milice alors qu'elle transportait un courrier important, elle s'est obstinément refusé à parler malgré de durs sévices et d'infâmes tortures. Elle n'a donné aucune adresse et aucun nom, évitant ainsi un désastre qui eût été irréparable pour l'activité de la Résistance dans le département du Gard.

Livrée à la Gestapo elle a maintenu son attitude de bravoure et de sacrifice. Elle a été déportée dans le bagne hitlérien de Bergen-Belsen où les charniers atteignaient des hauteurs de montagnes. Elle en est rentrée grandie encore si possible dans son âme. »

*Extrait du discours de Louis T., rédigé de sa main*

# Légion d'honneur

## Mme Salamon, chevalier au titre de la Résistance

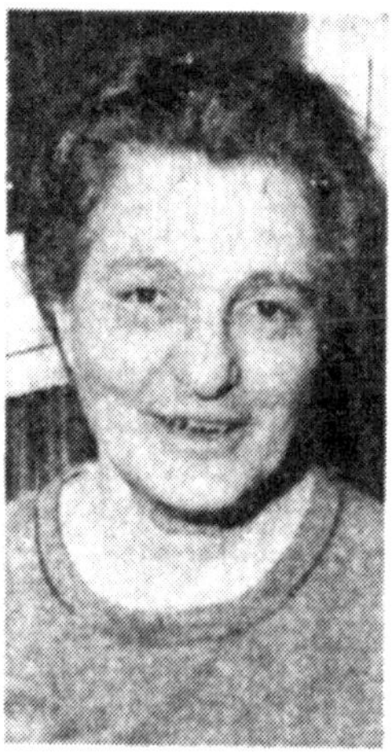

Dans la dernière promotion de la Légion d'Honneur, nous relevons la nomination au rang de chevalier, au titre de la Résistance, de Mme Hélène Salamon. Epouse du docteur Salamon et mère du professeur Georges Salamon, Mme Hélène Salamon était déjà titulaire de la Médaille militaire et de la Croix-de-Guerre 1939-1945.

Mme Salamon, qui exerçait la profession de sage-femme, était sergent des Forces françaises de l'Intérieur, lorsqu'elle fut arrêtée, en 1943, et déportée au camp de Bergen-Belsen. Elle fut libérée en avril 1945, dans un train qui demeure, dans l'histoire de la Résistance, comme « le train fantôme ». En effet, ce convoi, chargé de squelettes vivants et de moribonds, erra quartorze jours avant d'être atteint par l'avance des Alliés. Mais Mme Salamon ne devait rentrer en France qu'en juin 1945, après une quarantaine imposée par les risques d'extension d'une épidémie de typhus.

*Article paru dans* Le Provençal

# Hélène

Je veux te parler de ton « père de cœur », comme tu l'appelles. Moi, je dis « ton père » tout court. Nathan, mon mari. L'homme que j'ai choisi à l'âge de seize ans pour partager ma vie. Nous nous sommes rencontrés en 1921, à Varsovie, à l'Université populaire libre, qui proposait alors des cours du soir aux ouvriers sans diplôme. Moi, j'étais apprentie couturière. Lui arrivait de Moscou avec sa mère et ses deux sœurs pour rejoindre leur père, et venait à l'université apprendre le polonais.

Je ne le remarque pas tout de suite. Il est de taille moyenne, discret. Mais la langue russe nous rapproche. Nathan me raconte la révolution bolchevique, ses études à Moscou, son bac et ses excellentes notes en marxisme-léninisme ! Il est érudit, épris de littérature. On est loin de la Torah de mon rabbin de père. Moi qui ai peu d'instruction et « des allures de gréviste », me dira plus tard ma belle-mère, je bois ses paroles et tombe amoureuse.

Le père de Nathan, expert-comptable et calligraphe, gagne bien sa vie. Les Salamon vivent dans un confort bien plus grand que nous, les Kuminer. Mais ils ne sont pas religieux, ne prient pas, ne parlent pas yiddish. Un gouffre entre nos deux familles. Pas question donc d'envisager le mariage.

*

À l'université, nous devenons membres d'une cellule clandestine anarchiste. Nous découvrons les théories de Bakounine, Kropotkine, Élisée Reclus. Issue d'un milieu très religieux où les femmes ont si peu d'autonomie, et ayant délaissé la foi depuis quelques années maintenant, je me prends de passion pour Bakounine, l'athéiste libertaire. Autour de nous, toute la jeunesse célèbre le communisme.

C'est d'ailleurs avec des jeunes communistes que nous partons pour un week-end à la campagne. À Zielouka. En 1923, notre vie chavire.

L'excursion n'a rien de politique. Ton père, avec un fort accent russe mais dans un polonais impeccable, se lance dans un grand discours sur la littérature. Il est en train d'évoquer avec passion *Une maison de poupée* de Henrik Ibsen quand débarquent des policiers qui nous embarquent tous.

Parmi nous se trouvait un indicateur qui avait informé la police que se tiendrait à Zielouka un rassemblement de communistes emmené par un « agitateur russe » (ton père). La taupe a aussi raconté que Nathan vantait l'idéologie du « camarade Ibsen », dramaturge norvégien, faut-il le rappeler…

Certains sont relâchés immédiatement. Pas moi. Ni Nathan.

*

Après quatre mois derrière les barreaux et quatre jours de grève de la faim, je ne sais par quel miracle mon père me fait libérer en conditionnelle. Nathan, lui, sort au bout de dix mois grâce à une lourde caution payée en espèces par ses parents.

Nous sommes libres, mais à la disposition de la justice et dans l'obligation de nous présenter au procès. Si le juge n'a pas mentionné dans son rapport le « *camarade Ibsen* » – sûrement pour éviter le ridicule –, nous sommes inculpés de propagande communiste. Et dans cette Pologne profondément antisoviétique, catholique et de surcroît antisémite, il est évident que nous serons condamnés à de longues années d'emprisonnement, quatre à six ans, avancent les avocats.

Sous prétexte de réduire les frais d'avocats, Nathan va voir mon père. Rencontre catastrophique. Non seulement il est celui qui m'a entraînée dans cette dérive politique mortifère mais, surtout – et je crois que c'était le plus important pour mon père –, il est le type même du goï[1] : tête nue, rasé de près et habillé de court. Fin de la discussion.

*

Afin d'échapper au procès et de poursuivre notre vie ensemble, Nathan et moi décidons alors de fuir. Danzig d'abord (Gdańsk, aujourd'hui), ville libre placée sous la protection de la Société des nations en 1919. Où je travaille comme couturière et ton père comme manœuvre aux docks.

Puis nous rejoignons Berlin. À l'époque, l'Allemagne est le pays le plus démocratique. Anarchistes et communistes peuvent légalement faire leur propagande et éditent même leur presse.

Là, nous choisissons de nous séparer ; point de ralliement : Paris, où ma sœur, Léa, a émigré.

Je pars la première. Des camarades anarchistes doivent me faire entrer en Belgique. De village

1. Terme qui, pour les juifs, désigne un non-juif.

en village, de modestes ouvriers me logent et me nourrissent. Arrivée à la frontière, il me faudra trois tentatives, passer par les marécages, de nuit, sous la pluie, pour finalement réussir. Me voici pauvrette en guenilles dans le royaume de Belgique. Je rejoins le village de Hebersthal. On me met dans un tramway, direction la gare. Hélas, une femme m'accuse de vol et me fait emmener au commissariat. Devant cette étrangère, sans papiers, trempée jusqu'aux os, les policiers sont pris de pitié. Ils m'offrent une boisson chaude, allument un feu. C'est à la fois tragique et délicieux. Dans un allemand approximatif, je prétends être russe et non polonaise et, surtout, orpheline après l'assassinat de mes parents par les bolcheviques. La femme se met à pleurer et les policiers, après m'avoir conduite à la frontière, me laissent filer dans la nature. Merveilleux ! Des policiers humains, ça existe donc…

Mais tout est à refaire. Retour chez mes camarades passeurs. Nouvelle excursion nocturne, cette fois concluante ! Hebersthal-Bruxelles. Bruxelles-Paris de nuit, parce que l'on sait les contrôles rares dans ce train-là. Et un matin de 1924, Paris, enfin !

Je sonne à la porte de ma sœur Léa. Comme Nathan, quelques jours plus tard. Que je retrouve, frais et dispos, beau comme un astre avec sa casquette de titi parisien. Nous avons dix-neuf ans et la vie devant nous. Nous choisissons de la débuter à Montpellier.

*

Ce sont des années joyeuses. Nous sommes pauvres mais nous nous aimons, nous travaillons beaucoup et avons un bon groupe d'amis, la plupart immigrés communistes polonais ou russes, et aussi Louis, qui étudie la médecine avec ton père.

Les parents de Nathan lui envoient 500 francs par mois. Notre chambre en coûte 300. Moi, je fais des travaux de couture. Pour 12 francs par jour, je dois confectionner une montagne de pantalons militaires. Une fois payés le loyer, les études de Nathan, les livres, la nourriture, il nous reste à peine de quoi aller au cinéma une fois de temps en temps ou prendre un café en terrasse. Nous nous lavons aux bains municipaux. Comme nous ne parlons pas un mot de français, il est compliqué de trouver du travail et, pour ton père, plus compliqué encore de suivre les cours de médecine.

Mais nous sommes heureux et décidons de faire un enfant. Ton frère, Georges, naît en 1931 à la maternité de Montpellier. Étant la femme d'un étudiant en médecine, j'ai le privilège de dormir dans une chambre à deux lits, plutôt que dans le dortoir. Ma compagne de chambre est espagnole. Au milieu de la pièce ronfle un poêle à bois, qui laisse échapper un peu de fumée. Dans ce petit havre de paix, je découvre la joie de devenir mère. Le premier enfant, c'est comme une merveille qui vous est offerte. Georges est le plus beau bébé de la maternité, le plus beau du monde. J'en suis convaincue !

Ta sœur Maguy voit le jour en 1937 à Marseille, où nous avons élu domicile, une fois Nathan diplômé. Il s'est installé comme médecin généraliste et je me suis lancée dans des études de sage-femme. Georges assiste à tous les cours, dans son couffin, à côté de moi. Et Maguy, je la mets au monde à la maison, toute seule. Une fille après un garçon. Et si jolie ! Je suis comblée.

Et puis la guerre arrive. Nathan est mobilisé et, très vite, fait prisonnier. Il est envoyé en Allemagne.

*Nathan*

# *Yvonne*

*Toi et papa êtes donc revenus vivants de la guerre. Mais quand papa te rejoint enfin à Marseille, en juillet 1945, tu me portes dans tes bras. L'histoire du bébé hollandais que tu aurais adopté, je ne sais pas s'il y croit mais, de toute façon, le mensonge est bien vite découvert : quelques jours plus tard, il rentre à la maison et je suis en train de… téter. Plus de doute possible, je suis bien ta fille biologique.*

*J'imagine que vous avez beaucoup discuté… Nathan décide finalement de me reconnaître. Et vous choisissez aussi – peut-être te l'a-t-il demandé ? – d'avoir un autre enfant. À quarante et un ans, le 18 avril 1947, tu accoucheras de mon frère Roger.*

*Nathan n'a jamais voulu que je sache qu'il n'était pas mon père biologique. C'est pour cela qu'en écrivant ce livre, à l'origine, je ne voulais pas parler de mon secret. Par respect pour lui. Pour ne pas « salir » sa mémoire. Mais, si j'ai finalement décidé de dire cette vérité, c'est parce qu'elle est éminemment noble.*

*Tu avais eu une relation avec un autre – a-t-il jamais su d'ailleurs qu'il s'agissait de son ami ? Je l'ignore. Je n'étais pas sa fille, mais il m'a reconnue. Quel sens des responsabilités ! Et pour moi, il est mon père. Celui qui m'a élevée, celui qui m'a aimée.*

*

*Je le revois, un soir, dans son large fauteuil en velours brun. Je lui présente mes notes, de très bonnes notes. Il me félicite pour mon travail et me dit avec un large sourire : « C'est bien, d'être studieuse… De toute façon, c'est dans nos gènes, à nous, les Salamon. C'est sûrement moi qui te l'ai transmis. » Quelle élégance !*

*Je pense même que, avec les années, malgré son métier de médecin, il s'en était convaincu. Il y croyait profondément. Il a été un père magnifique et nous a tous élevés de la même manière, Georges, Maguy, Roger et moi. Nous étions une belle fratrie ! Quand j'ai su la vérité, je n'en ai jamais parlé avec lui. Par égard, par amour aussi. Il ne m'a pas conçue, et alors ? Il est mon père, mon père de cœur.*

*

*Pendant quarante ans, j'ai donc eu pour date et lieu de naissance sur mes papiers d'identité : le*

*15 août 1945, et Marseille. Mais, en 1986, papa meurt. Et toi, maman, tu es malade et tu t'inquiètes terriblement pour moi. Et puis, je le sens, tu veux rétablir l'histoire, la réparer peut-être, me rendre officiellement ma vraie naissance.*

*Nous constituons un dossier. Tu écris les circonstances de ma naissance et demandes à Denise Lorach, directrice du musée de la Résistance et de la Déportation à Besançon, de coucher son témoignage sur papier. Elle était avec toi à Bergen-Belsen et pouvait confirmer que j'étais bien née dans le camp.*

*Quelques mois plus tard, je vieillis officiellement de presque dix mois. Sur ma carte d'identité est désormais inscrit : « Née le 20 octobre 1944 à Bergen-Belsen. » Mais, aujourd'hui encore, je ne sais pas si je suis véritablement née ce jour-là. Pourquoi ? Parce que c'est aussi ta date de naissance ! As-tu voulu ainsi lier encore un peu plus nos deux vies ? Peu importe, l'idée me plaît et je ne suis pas à quelques jours près. D'ailleurs, qui pouvait tenir les comptes du temps, à Bergen-Belsen ? Les jours se ressemblaient, tous aussi atroces les uns que les autres. L'essentiel pour moi est de lire ma vérité, noir sur blanc.*

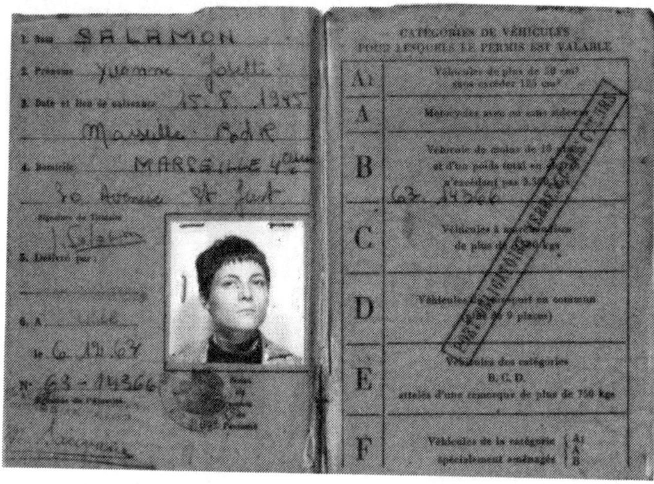


*Yvonne Salamon, née le 15 août 1945 à Marseille*

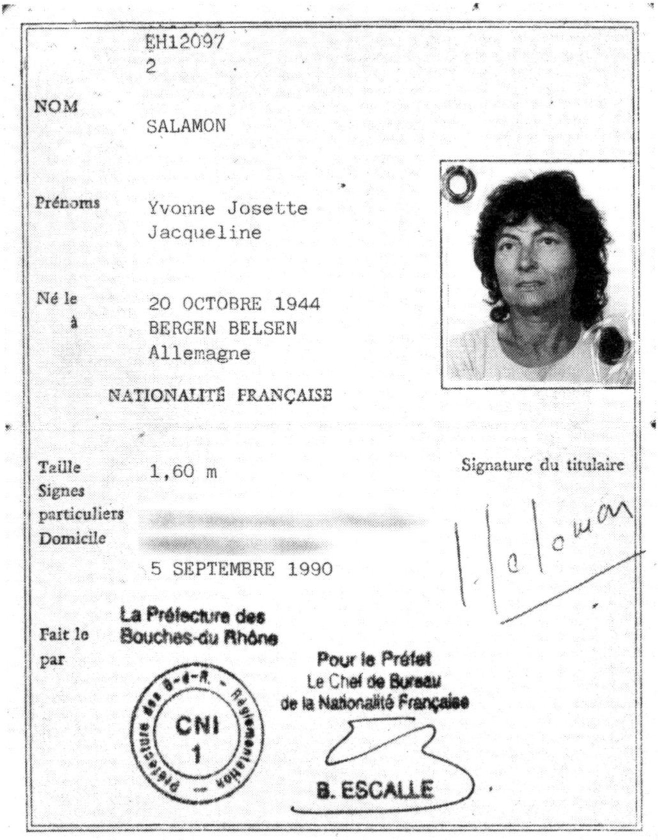

EH12097
2

NOM SALAMON

Prénoms Yvonne Josette
Jacqueline

Né le 20 OCTOBRE 1944
à BERGEN BELSEN
Allemagne

NATIONALITÉ FRANÇAISE

Taille 1,60 m
Signes
particuliers
Domicile

Signature du titulaire

Fait le 5 SEPTEMBRE 1990
par La Préfecture des
Bouches-du Rhône

Préfecture des B.-d.-R. – Réglementation
CNI
1

Pour le Préfet
Le Chef de Bureau
de la Nationalité Française

B. ESCALLE

*Yvonne Salamon, née le 20 octobre 1944 à Bergen-Belsen*

# Hélène

Dans l'univers terrible de Bergen-Belsen, certaines femmes que j'ai croisées ont révélé leur vérité profonde : pour moi, Béatrice et Nana sont des êtres exceptionnels, des héroïnes.

*

Début 1945. Nous sommes dans un tel état de délabrement physique et mental, dû à la saleté et au manque d'alimentation, que nos geôliers abandonnent tout espoir de nous utiliser davantage pour un quelconque travail. Impossible de former des colonnes et de mener en commandos ces squelettes vivants.

Au *Revier*, des centaines de malades se meurent, faute de nourriture et de soins. La dysenterie fait des ravages, et nous, infirmières, vidons à longueur de journée des bassins pleins de liquide rougeâtre, conséquence de l'absorption de la soupe aux betteraves.

Il y a, dans l'enceinte, une baraque réservée aux typhiques et autres déportés gravement atteints. Les Allemands l'appellent *Infektion Block*. On y entre d'habitude sur un brancard, avec une forte fièvre. La soupe, pour y être distribuée, est portée jusqu'à la grille et, de là, servie par d'anciens malades. Maigre mesure pour tenter d'endiguer une épidémie galopante.

Un jour, mon amie Béatrice vient m'annoncer qu'elle se porte volontaire comme infirmière à l'*Infektion Block*. Ayant très peur pour elle, j'essaie de l'en dissuader, en lui parlant notamment de ses enfants restés en France. Je lui prends la main, la regarde dans les yeux et lui dis : « Malgré notre état, nous avons peut-être une chance, infime, d'être encore là le jour de la libération du camp et de revoir nos enfants… Pourquoi voudrais-tu entamer un peu plus cette chance en allant au-devant d'un danger, alors que personne ne t'y oblige ? » À tous mes arguments, Béatrice n'a qu'une réponse : « Je veux servir à quelque chose tant qu'il me reste un peu de forces. » Les heures de discussions n'y feront rien : le lendemain, elle entre dans l'*Infektion Block*. Je ne l'ai revue qu'après la Libération, vivante, mais rongée par le typhus.

*

Nana, elle, est une jeune Parisienne et, même au sein du camp, elle en reste l'incarnation. Je la revois en pleine nuit : son allure, son port de tête, ses cheveux bruns mi-longs. La voici qui enlève les bigoudis qu'elle a confectionnés avec du papier, ravive ses lèvres avec un petit tube de rouge miraculeusement conservé malgré les fouilles, puis sort, la tête haute, du baraquement. Nana, exemple de dignité à quatre heures du matin, sur la place d'appel.

Un modèle pour nous toutes. « Ne pas se laisser abattre, aussi dramatique que soit la situation », répète-t-elle, en élaborant sans cesse des projets pour après la Libération. Et son optimisme est contagieux. Même les plus abattus se laissent emporter car elle les associe à ses songes et les ramène en France avec elle. C'est si doux de rêver en l'écoutant.

Mon premier contact avec Nana remonte à un jour de forte fièvre. Gisant sur mon grabat où je grelotte de froid, je sens quelqu'un remonter ma couverture. J'ouvre les yeux et découvre, au-dessus de moi, son visage souriant. Me soutenant la tête, elle me fait boire un peu de tisane chaude – ce qui n'arrive jamais, ici. Nana, magicienne de Bergen-Belsen… Pendant des jours, elle me soigne, me dorlote, comme si, au lieu d'être une parfaite inconnue, j'étais sa sœur bien-aimée.

En cet hiver 1945, la mort emporte chaque jour des brouettées de déportés, dont on achemine les cadavres vers le four crématoire. Elle frappe surtout les baraques d'hommes. Par un autre de ces mystères dont elle seule a le secret, Nana se débrouille pour y avoir accès.

Elle me raconte l'état dans lequel elle les trouve, gisant par centaines, presque inertes, couverts de vermine sur des paillasses pourries. Nana est choquée, triste, en colère, mais certainement pas abattue. Pas elle. Elle déniche un rasoir et décide de lutter avec ses petits moyens contre l'épidémie de typhus qui se transmet par les poux. Toute la journée, elle rase et nettoie ces hommes, comme elle m'a soignée quand j'étais malade, animée par sa joie, souriant à chacun.

« Quand j'arrive, ils me regardent comme une fée bienfaisante. Même le plus malade ou le plus atteint moralement, j'arrive à lui décrocher un sourire. Peut-être que demain ils ne seront plus là, mais je leur redonne espoir. Leur sourire, c'est ma récompense. » Que dire de plus ?

# Hélène

Mars 1945. Le camp est totalement désorganisé. Il n'y a presque plus de nourriture. Encore moins d'eau potable. Les SS se soucient peu, désormais, de séparer les hommes des femmes. À l'infirmerie, les malades arrivent indifféremment, toujours plus nombreux.

*

Ce jour-là, Pierre Ogouz, un homme d'une trentaine d'années, se traîne jusqu'à moi. Je le connais, Pierre, ce n'est pas la première fois qu'il vient au *Revier*. Il y a quelque temps, il m'a raconté son travail de journaliste à l'hebdomadaire politique et culturel *Marianne* et m'a parlé de ses critiques de film. Son épouse, dont j'ai oublié le prénom, et sa mère, Véra, se trouvent dans la même baraque que moi. Inoubliable, Véra. Je l'entends encore dire : « Moi, je n'ai même plus faim... », avant de laisser de côté le fond de sa soupe. Mais je vois son stratagème : elle le garde pour son Pierre, ce reste de soupe. Et lui a compris le sacrifice de sa mère. Un jour, porté par un regain d'espoir, il m'a fait une promesse : « Si par miracle j'échappe à la mort, j'écrirai un long article sur les ruses d'une mère. » Véra est morte une nuit, dans notre baraque.

Pierre est au plus mal quand il arrive ce jour-là au *Revier*. Il tient à peine debout. Je l'installe sur un grabat. Brûlant de fièvre, tremblant de la tête aux pieds, il sombre dans une demi-inconscience. Par moments, pris de délire, il ouvre des yeux exorbités et prononce des phrases incompréhensibles. Tous les signes du typhus. Au bout de quelques jours, il paraît reprendre des forces. Je m'approche de lui et pose sur sa langue un peu de sucre que j'ai caché à l'infirmerie.

Cela m'apparaît comme une évidence, un devoir, presque, le moment de rendre ce qui m'a été donné. Je repense à la tisane de Nana quand j'étais à la place de Pierre, gisant sur un grabat. Je repense surtout au sucre dont Noël m'avait fait cadeau, quand j'étais aux mains de la Milice, à Nîmes. Ce sucre caché dans les toilettes et qui m'avait fait tant de bien.

Penchée au-dessus de lui, alors que le sucre fond dans sa bouche, je vois apparaître un faible sourire sur ses lèvres et, dans ses yeux, une grande intensité. Pas besoin de mots. Nous nous sourions. Ce sucre a-t-il rendu sa mort plus douce ? Je l'espère. Pierre s'est éteint quelques heures plus tard.

# *Yvonne*

*Est-ce le fait d'avoir vu tant de malades et surtout tant de gens mourir ? Toujours est-il que tu as voulu que tous tes enfants soient médecins. Pour toi, il s'agissait du seul vrai métier au monde. Tu nous disais : « On fait médecine, puis on réfléchit à ce que l'on veut faire »... Moi, je suis devenue psychiatre. Et c'est évidemment tout, sauf un hasard.*

*

*Ce métier, je ne l'ai choisi qu'à trente ans, après la révélation de l'énorme mensonge sur ma conception. Un choc terrible, je l'ai déjà évoqué. Tu m'avais menti pendant tant d'années ! Je ne me rappelle pas l'avoir pensé comme tel à l'époque mais, aujourd'hui, cela me frappe : j'ai choisi de bâtir la seconde partie de ma vie professionnelle sur le « parler vrai », le « parler essentiel », nécessaire entre un psychiatre et son patient. Chez nous, en dehors même de ce mensonge (et quel mensonge !), rien n'était dit sur la déportation, les souffrances, les blessures… et moi, j'ai choisi d'accompagner les gens afin qu'ils posent des mots sur ce qui les déstabilise, au plus profond d'eux-mêmes. Des mots pour exprimer les maux. Décidément, je ne crois pas aux hasards.*

*

*Être psychiatre, c'est également être en sympathie avec l'autre, au sens étymologique, c'est-à-dire souffrir avec l'autre, assez pour le comprendre, mais pas trop afin de garder une distance thérapeutique. Être capable de saisir la souffrance, de la ressentir un peu, même quand elle prend des formes extrêmes.*

*J'ai eu des patients en profonde souffrance, délirants, violents, hallucinés, schizophrènes. Mais face à eux, du haut de mon mètre soixante, je n'ai jamais éprouvé de peur. Je crois que, au fond de moi, cela faisait écho à quelque chose de presque familier. Est-ce parce que j'avais vu la mort de près ? Ou que j'avais côtoyé pendant des mois des êtres désespérés, gémissant de douleur ? Suis-je tellement imprégnée de ces mois à Bergen-Belsen que je me suis instinctivement portée vers des personnes en grande détresse ?*

*En tout cas, j'ai voulu aider ces malades, les soigner, les apaiser. Ma manière de rendre ce que j'ai reçu.*

*

*Transmettre aussi un peu de cette force de vie qui m'anime. Qui me fait penser que, si les hasards n'existent pas, la chance, si. À condition de savoir la saisir, ou plutôt la provoquer.*

*Car avoir de la chance, cela s'apprend. En s'habituant à prendre des décisions qui nous conviennent, qui soient les bonnes pour nous. Non pas en fonction de critères extérieurs, moraux ou sociaux, mais pour soi-même.*

*Se créer des chances, c'est aussi apprendre à sortir de ses routines, ce qui n'est pas le plus facile. Et tout cela ne peut se faire qu'en interaction avec les autres et dans la création de liens, qu'ils soient professionnels, amoureux, amicaux, sociaux…*

*Ce que j'ai appris dans ma vie et que j'ai essayé de transmettre à mes patients, c'est qu'il faut faire un chemin vers soi, apprendre à être soi. Prendre conscience de la brièveté de la vie et devenir soi.*

# Hélène

Le 9 avril 1945, les SS évacuent du camp des déportés juifs pour servir d'otages ou, plutôt, de boucliers.

Nous sommes des centaines et des centaines de malheureux, plus malades les uns que les autres, typhiques, tuberculeux, dysentériques, agonisants. Tous geignants. Tous jetés puis empilés les uns sur les autres comme des bêtes équarries, entassés à la hâte dans des camions pour rejoindre la gare de Belsen, située à une dizaine de kilomètres.

Enfin, pas tous… cette fois encore, j'ai de la chance : certains doivent y aller à pied et en meurent. Moi, j'atterris dans un camion. Tu es toujours ligotée contre ma poitrine et cachée sous ma blouse ; tu ne pleures toujours pas.

*

À mon arrivée dans le camp, j'avais vu des déportés avec des carrés rouges cousus dans le dos. On m'avait expliqué qu'il s'agissait de prisonniers allemands, communistes ou autres, opposants politiques à l'hitlérisme. Alors j'étais en admiration devant ces gens qui avaient dit « non », depuis 1933, à Hitler. Nous, les juifs, avions l'étoile de David brodée sur la poitrine ; eux, c'était un carré rouge dans le dos…

Mais là, devant l'entrée du camp de Bergen-Belsen, alors que j'attends dans un camion prêt à partir, mon admiration s'évapore : ces mêmes déportés allemands jettent une pluie de pierres et d'insultes sur nous. Stupéfaite, je les entends crier : « C'est à cause des juifs que l'Allemagne a perdu la guerre ! » Ces combattants de l'hitlérisme étaient-ils devenus antisémites ? Ou bien l'étaient-ils déjà ? Même entre compagnons d'infortune, la haine l'emporte.

*

À la gare nous attend un drôle de train, constitué d'un enchaînement hétéroclite de tombereaux à bestiaux, de simples plates-formes ou de wagons de quatrième classe. Nous devons monter dans celui qui est devant nous. Je me retrouve face à un wagon à bestiaux. Autour, la brutalité est folle. Les soldats hurlent et frappent sans raison. À vrai dire, on y est habitué mais, là, on les sent presque paniqués, et leur colère est décuplée.

Cette fois encore, nous ignorons où ce convoi nous emmène. Y a-t-il pire que Bergen-Belsen ?

*

Oui : le voyage dans ce train est pire. On peut ne pas me croire, car c'est réellement incroyable. Il n'y a aucune tinette, autrement dit de seau dans lequel faire ses besoins. Aussi, tous atteints de dysenterie et autres calamités, nous nous vidons sur le plancher. Dès lors, nous végétons dans un cloaque, d'une ignominie totale, baignons littéralement dedans. Les uns sur les autres car, bien sûr, nous sommes trop nombreux pour la taille de ce wagon.

Mon voisin est-il vivant ou mort ? Je suis incapable de le dire. En réalité, je ne me pose pas la question. Il ne faut pas penser, juste respirer cette odeur irrespirable. Il ne faut pas penser, juste survivre. Et, dans l'état où nous avons quitté Bergen-Belsen, entassés comme nous le sommes, survivre relève du surhumain. Nous, les vivants, sommes des squelettes que seuls des gémissements distinguent des morts. Et chaque jour certains franchissent la barrière dérisoire qui nous sépare encore d'eux, et trépassent.

Nos corps nous lâchant peu à peu, certains perdent la tête. Subir une telle épreuve pousse à la folie. Et puis il y a le typhus, la fièvre et les délires qui vont avec. Vivre dans ce train, c'est aussi entendre des hurlements de femmes, presque plus humaines. Et nous y vivrons quatorze jours. Trois cent trente-six heures en enfer.

*

Quand le train s'arrête dans une gare, nous jetons dehors les cadavres, aux bons soins des cheminots allemands. Et ceux qui en ont encore la force sortent boire l'eau des fossés.

Le peu de pain et de margarine distribué avant le départ ayant été avalé dès le premier jour, certains mangent les brins d'herbe qui jonchent les talus, au bord des rails. Moi, je les mâche, ces brins, pour les mettre ensuite dans ta bouche. Et toi tu les avales. Il y a aussi le peu de lait en poudre économisé. Que j'allonge avec de l'eau des fossés. C'est donc plus une bouillie que tu ingurgites, mais peut-être t'a-t-elle sauvée, mon enfant.

*

Le train tourne en rond. Nous comprendrons plus tard que c'est parce que nous étions cernés. D'un côté par les Britanniques, de l'autre par les Russes. Au fil des jours, les deux armées resserraient leur étau et empêchaient le convoi d'avancer. Nous repassions dans des gares où nous nous étions déjà arrêtés.

*

Le quinzième jour, 23 avril 1945, le train s'arrête, définitivement. Nous n'entendons plus les hurlements des SS. Et pour cause, ils nous ont abandonnés. Des soldats s'approchent, ce sont des Russes ! Pantalons bouffants, couvre-chefs bizarres, un peu mous. À quelques mètres derrière, leurs chevaux hennissent. Nous sommes à Tröbitz.

Les malades sont dirigés vers un hôpital. Les autres, valides, suivent les ordres des soldats soviétiques : nous entrons dans des maisons allemandes pour nous y installer. J'ai hâte de me laver, de te laver, de nous débarrasser de nos vêtements pleins de poux. Hâte de manger et de boire, aussi.

*

Une Allemande nous laisse de mauvaise grâce pénétrer chez elle. Un soldat russe s'approche et, en russe, lui ordonne de lui remettre sa montre. Elle, ne le comprenant pas et croyant qu'il cherche son mari, répond en allemand que ce dernier est mort à la guerre de 14. Le Russe se fâche et la frappe, tandis que l'Allemande ne cesse de répéter : « Mort en 14 ! » J'assiste à cette scène stupide, saisissant le ridicule de la situation puisque je parle le russe et l'allemand.

À Bergen-Belsen, nous, les femmes, étions très souvent battues par les gardiennes du camp. On les appelait les « souris grises » à cause de leur uniforme – une jupe et une veste d'un vert grisâtre. Elles gardaient toujours une cravache à la main. Ces Allemandes n'avaient pas été mobilisées : elles s'étaient portées volontaires. À chaque coup reçu, à chaque humiliation, j'enfouissais au fond de moi ma colère. Mais l'idée de la vengeance m'aidait à tenir. Mille fois je me suis dit que si, par miracle, j'en réchappais, je me vengerais, quitte à m'en prendre à des innocents.

Et là, face au soldat qui frappe cette femme, je m'entends dire en russe : « Vous vous êtes couverts de gloire en prenant Berlin et vous frappez une femme ! » Interloqué, le soldat me regarde, puis quitte la pièce, non sans me lancer au passage : « C'est vous qui défendez une Allemande ? Regardez dans la glace pour voir ce qu'ils ont fait de vous ! »

La femme saisit que je viens d'intervenir en sa faveur.

Moi, aujourd'hui encore, j'ai du mal à comprendre ce qui m'a pris.

*

Dans le sous-sol de cette maison, nous trouvons un trésor : de la nourriture, plein, partout. Mais je le sais de par mes études, et j'en ai fait l'expérience dans les caves de la Gestapo, à Vichy, il faut faire attention, ne pas se jeter dessus, ne pas remplir mon ventre si creux. Au risque de souffrir, d'en mourir, peut-être même.

À l'étage, on nous attribue une chambre. Et c'est dans cette pièce – dont j'ai oublié à quoi elle ressemble – qu'un miracle se produit. Je t'enlève tes « langes » et te sépare de moi. Et pour la première fois, tu cries. Pour la première fois, j'entends pleinement ta voix. Quelle émotion ! Ce cri que tous les bébés poussent quand ils sortent du ventre de leur mère, tu le pousses six mois plus tard, lorsqu'on nous libère enfin et que je te détache de moi. À mes yeux, ma fille, tu es née ce jour-là.

# *Yvonne*

*Sur les papiers militaires de papa est inscrit : « Médecin-lieutenant Nathan Salamon, fait prisonnier le 22 juin 1940 à Corcieux (Vosges) ; libéré du camp de Lübeck (Allemagne) le 2 mai 1945. »*

*La suite de son histoire ne figure pas sur les registres de l'armée. Elle mérite pourtant d'être racontée.*

*Les officiers français savaient que leurs épouses, pour beaucoup, avaient été envoyées à Bergen-Belsen. Nathan décide donc de venir te chercher, maman. Le 3 mai, dès le lendemain de sa libération, il parcourt en camion les 150 kilomètres qui séparent Lübeck de Bergen-Belsen. Et pénètre dans « notre » camp avec d'autres officiers français.*

*Papa avait souffert des conditions de vie et de la discipline de fer à Lübeck… mais ce jour-là, il se rend compte que ce n'était rien à côté de ce que tu avais vécu toi. Il découvre l'horreur d'un camp de la mort. Dans chaque baraque où il entre, des dizaines de cadavres gisent sur le sol ou les paillasses. Le long des allées, entassés, des milliers de corps décharnés. Et, tout au bout du camp, dans des fosses, près de 20 000 dépouilles d'hommes, de femmes et d'enfants. 20 000.*

*Partir est impossible, Nathan veut soigner les survivants, tous gravement malades. La Croix-Rouge internationale le charge aussi d'organiser les secours.*

*Dans ses papiers, après sa mort, j'ai découvert le rapport qu'il a rédigé.*

*À son arrivée, écrit-il, 300 personnes meurent chaque jour à Bergen-Belsen. Encore 20 à 30 chaque jour, deux semaines plus tard. Malgré les soins d'une soixantaine de médecins et de 200 infirmières.*

*Il est frappé par la misère de ce camp. Par l'absence de lavabos et de toilettes, par les douches visiblement inutilisées, par la déchéance physique des rescapés qui l'agresse.*

*Il évoque l'aide morale que les officiers français de Lübeck apportent à leurs compatriotes déportés et malades. Isolés, craignant d'être délaissés, oubliés, cette présence quotidienne leur est précieuse, rassurante.*

*Nathan finit par quitter le camp de Bergen-Belsen au bout de quelques semaines. Épuisé, bouleversé, encore dans l'incompréhension de ce qu'il a vu, de ce que l'homme, devenu barbare, peut faire.*

*C'est à Marseille, chez vous, qu'il t'a enfin retrouvée. Et quelles retrouvailles ! Car, à son arrivée, j'étais là, dans tes bras.*

COMITE INTERNATIONAL
DE LA CROIX ROUGE à GENEVE

DELEGATION EN ALLEMAGNE

LUBECK, May 6TH, 1945
AM GROSSEN WANNSEE 2-4
TEL. 80-68-55

TO WHOM IT MAY CONCERN

The delegation of the International Red Cross Committee assigned to Germany recommends the bearer of this letter,

Lieuts. Doctor SALAMON

to all military authorities . Dr. SALAMON is at the service of the French Red Cross. In this quality he will help to assure the medical service at the concentration camp of Bergen Belseh.

The undersigned delegate declares that this is one of the most important task for the moment.

In the perfomance of his humanitarian task, Dr. SALAMON and his assistants will need the sympathetic and helpful., cooperation of officials and individua with whom they might come in contact and we ask for them such aid as can be consistently afforded.

Dr. W. PFISTER, Delegate Of the I.R.C.C.

Un groupe d'officiers prisonniers de guerre de l'OFLAG X C LUBECK, libérés, a visité le 3 Mai 1945 ( le lendemain de la libération ) le camp de déportés de BERGEN-BELSEN. Frappés par la misère et la déchéance physique de nos compatriotes déportés, les officiers ont décidé de surseoir à leur retour en FRANCE, et ont organisé des secours rapides aux déportés . Pour faciliter cette tâche, un des prisonniers, le Lieutenant SALAMON, a été nommé par la CROIX ROUGE INTERNATIONALE , et chargé de liaison avec le camp.

Voici le compte rendu fait le I9 Mai 45 et transmis au Centre d'Accueil de LUBECK, à la C.R.I. et au Ministère des Prisonniers de Guerre :

RENSEIGNEMENTS GENERAUX SUR LE CAMP DE CONCENTRATION

DE BERGEN - BELSEN

---

A - SITUATION AU I5 AVRIL 45 ( Arrivée des Anglais )
( La mortalité et les changements continuels de camp rendent impossible des renseignements numériques précis : tous les chiffres doivent être pris comme approximatifs.

Le Camp de concentration de BERGEN-BELSEN contenait, le I5 Avril I945, environ : 39.000 prisonniers de toute nationalité, sexe, âge, enfermés dans ce camp pour des motifs variés - politiques, raciaux, etc....

L'effectif aurait atteint, antérieurement, 47.000.

LOGEMENT : baraques en bois, sales et délabrées, isolées les unes des autres par des barbelés.

COUCHAGE : Lits à 3 étages, ou litière de paille par terre. Fréquemment, 2, 3 ou 4 personnes dans le même lit ( par étage )

ALIMENTATION : Dans les 20 jours précédant la libération :

I pain pour I2
I rutabaga pour 20

les I2 derniers jours sans eau

6 derniers jours sans aucun revitaillement

HYGIENE & ETAT SANITAIRE - Aucune installation d'hygiène dans certaines baraques, feuillées à ciel ouvert, et pas de lavabos.

MALADIES : Typhus - dyssenterie - entérite - non soignées

Au mois de Mars : I7.000 décés.

Du I° Avril à la libération : près de I.000 décés par jour ( nous avons vu plus de I7 fosses de I.000 cadavres chacune)

Dans les I5 jours précédant la libération, l'enlèvement des cadavres n'étant plus assuré, ceux-ci jonchaient les avenues du camp, ou restaient à l'intérieur des baraques. Normalement, les cadavres étaient trainés par les déportés jusqu'aux fosses creusées à l'extrémité du camp, et actuellement en cours de comblement

SEVICES - les déportés ont témoigné des innombrables atrocités dont ils ont été victimes ou témoins : fusillades, injections d'essence intra-cardiaque, préparatifs visant la destruction du camp par explosifs, etc...etc...

La mission ayant essentiellement un rôle de secours, et non d'enquête, n'a pu se préoccuper de recueillir systématiquement ces témoignages.

B - MESURES PRISES PAR LES SERVICES DE L'ARMEE ANGLAISE - Le camp de concentration de BERGEN-BELSEN ( dit Camp N° I) est à proximité ( environ 3 Kms.) d'un important ~~village~~ camp de S.S. : plusieurs centaines de casernes neuves et de bâtiments de toute nature occupant une surface considérable ( environ 5 kms sur I Km )

Les Anglais évacuent méthodiquement les habitants du camp I ( dit camp de la mort ) et les installent, après les avoir lavés, désinfectés et habillés, dans les bâtiments du village de S.S.

A cet effet, ce village de S.S. est divisé en 3 parties :

Camp N° I : Hôpital
Camp N° 2 : Hommes
Camp N° 3 : Femmes où sont transportés les malades les moins gravement atteints,

.....

et non-contagieux.

HOPITAL - ensemble de bâtiments entourés de barbelés et rigoureusement consignés, des cas de typhus nouveaux y étant déclarés. On y transporte les typhiques et les grands malades.

Au 7 Mai, on évaluait à IO.000 environ les habitants de l'ancien camp ; son évacuation qui présente des difficultés énormes, dûes à l'état de faiblesse et de saleté des malades, se poursuit au rythme le plus rapide possible ( opération terminée le I7/5/1945

A la même date, on évaluait à 23.000 les habitants des 3 camps du village ( camp 2 - Camp 3 - Hôpital ) - L'Hôpital aurait contenu environ 8.000 malades, dont la moitié de tuberculeux. L'installation de 4.000 lits nouveaux était envisagée, à raison de 200 lits par jour.

Personnel médical de l'Hôpital le I3 Mai:

MEDECINS : I2 médecins Anglais
20 médecins anciens prisonniers de nationalités diverses - appelés à quitter leur emploi pour être rapatriés
6 médecins suisses dirigés par le Dr RIDERHER
20 médecins allemands prisonniers

INFIRMIERES : IO Anglaises
I2 Suissesses
200 Allemandes

La mortalité qui atteignait, avant la libération, près de I.000 décès par jour, était au 7 Mai d'environ, 300 décès par jour, et continue de diminuer : 20 à 30 vers le I8 Mai.

II - RENSEIGNEMENTS PARTICULIERS CONCERNANT LES FRANCAIS

A)- CAMP - BERGEN BELSEN - Restent, au 7 Mai :

219 Français ou Belges : IO typhiques
I50 entéritiques graves
40 tuberculeux
I9 femmes malades graves
( la plupart des françaises étaient déjà évacuées, les typhiques sur l'hôpital, les non-typhiques sur le camp 3)

..........

LOCAUX - Ceux décrits au Chapitre I

PERSONNEL FRANCAIS - Médecin Cdt. FREJAFON, ancien déporté du camp, aidé par plusieurs infirmiers déportés bénévoles, ainsi que par le Dr WAHL, ancien Prisonnier de guerre ( Oflag X B Nienburg) qui a contracté le typhus, et se trouve actuellement en traitement à l'hôpital du Stalag XI B (Fallingpostel) et par le Lt. ALIX, ancien Prisonnier de guerre (Oflag X B) Aumônier volontaire.

Officier de liaison, délégué par la Commission Française de rapatriement : Le Ltd FRANCOIS PONCET.

Le personnel français est aidé par de jeunes étudiants en médecine, anglais, arrivés par Avion vers le 4 Mai, et dont le dévouement est exemplaire.

B) - CAMP 2 - Au I3 Mai, environ I70 hommes, tous atteints de dysenterie grave.

Vers le 7 Mai, il y avait de nombreux décès quotidiens.

Le I3 Mai, a été le I° jour sans décès.

LOCAUX - Médiocres : écuries

COUCHAGE - Sur la paille

PERSONNEL FRANCAIS - Médecin Ltd LEGRAND ( Com. Fse de Rapt.)

Lt. BINOCHE, officier de liaison ( Com. Fse de Rapatriement )

La situation, assez mauvaise, tant au point de vue logement, qu'au point de vue alimentaire, s'est améliorée progressivement, jusqu'au I7 Mai, date de départ de ce groupe.

C - CAMP 3 - Au I3 Mai : 350 Femmes - Une dizaine d'enfants Etat sanitaire relativement bon.

LOCAUX - Bons - Casernements allemands. Lits à 2 ou 3 étages. Quelques malades au grenier, sur la paille.

PERSONNEL FRANCAIS - Médecin Ltd LE TOUX P. de G. ( Oflag X B )

Infirmier [illegible] ( Prisonnier de Guerre OFLAG X B )

tous deux tolérés officiellement par les autorités anglaises, et aidés par :

Mademoiselle Annette WEILL, étudiante en médecine, ancienne déportée.

Officier de liaison : Lt François PONCET.

<u>ALIMENTATION</u> : A peu près suffisante. Manque d'aliments frais et de médicaments. Des secours alimentaires ont été apportés de FALLINGBOSTEL ( sur l'initiative de Monsieur l'Abbé CHESNAY, aumônier du Stalag XI B ), de BERGEN et de LUBECK par les soins de la Mission de LUBECK.

Aussi bien pour le Camp 2 que pour le camp 3, la plupart des malades atteints d'entérite étaient très affaiblis et avaient besoin de vivres spéciaux et d'une cuisine de régime. Pour les mieux portants, il fallait de la viande, des légumes, et des oeufs frais.

Dans les deux Camps, et surtout au camp 2, le moral était assez bas. Tous les malades souffraient beaucoup de l'absence de toute relation avec l'extérieur. Ils craignaient d'être oubliés lors du rapatriement. La visite régulière des officiers venus de LUBECK paraît leur avoir apporté, à côté de secours matériels, un grand soulagement moral

<u>L'HOPITAL</u> - L'accès de l'hôpital est rigoureusement interdit pour cause de typhus Les aumôniers Français, MARVILLEZ et ALIX ( ex P. de G. ) sont les seuls Français valides qui peuvent y circuler. Des renseignements ont été fournis par eux et par les médecins Suisses de la Croix Rouge.

Les malades Français ne sont encore ni recensés, ni groupés. On évalue leur nombre à 700. Des petits groupes, ou des Français isolés se trouvent dans des chambres pleines d'étrangers, soignés par du personnel ne parlant pas Français. Certains se plaignaient du manque de nourriture et de soins, et de l'installation ( tinettes dans les chambres ) ainsi que d'être abandonnés n'ayant pas vu, disaient-ils, de Français depuis la libération.

.....

La moitié des malades sont atteints de typhus, le restant de dysenterie et tuberculose graves. La situation matérielle et morale s'améliore chaque jour, grâce aux efforts du service médical anglais, des médecins Suisses et des deux aumôniers français.

D - RENSEIGNEMENTS RECUEILLIS SUR LES FEMMES D'OFFICIERS ET DES SOLDATS FRANCAIS PRISONNIERS DE GUERRE -

Ces déportées auraient eu un traitement de "faveur", par rapport aux autres prisonnières.

LOGEMENT - Lits à 3 étages, 2 par étage

ALIMENTATION - I boule de pain par semaine.

I litre de soupe de rutabagas (claire) par jour

I morceau de margarine ou de saucisson par semaine

Pour chaque nourisson :

3/4 de litre de lait écrémé, par jour le plus souvent tourné.

Le Comité Israélite de la Croix Rouge a essayé de faire parvenir des colis par l'intermédiaire de la Croix Rouge Suédoise, aussi pour les nourrissons.

La situation alimentaire, dans les 3 derniers mois, avait terriblement empiré

De très mauvais traitements physiques, peu de typhus. Malgré le tout moral assez bon.

Ces déportées, au nombre de 250, étaient évacuées en partie en camions, et en partie à pieds 6 jours avant la libération du camp, le 9 Avril ) pour la gare de Belsen, à destination de THERESENSTADT ( Tchécoslovaquie ). Elles ont touché I/2 boule de pain par personne pour le voyage. Elles furent brutalisées au départ, et ont voyagé dans le train dit "fantôme " pendant I4 jours, sans ravitaillement. Le typhus et la famine ont exercé parmi elles des ravages terribles. Elles ont été libérées par les Russes le 23 Avril 1945.

III - MESURES PRISES PAR NOUS

7 aller et retour ont été effectués entre LUBECK et BERGEN BELSEN entre le 6 et le I8 Mai.

....

I° - A LUBECK la liaison a été établie entre la Croix-Rouge Internationale et les missions médicales suédoises et suisses. Des secours en médicaments et en vivres ont été demandés et obtenus, tant de ces organismes que du centre d'accueil Français, ou réunis grâce à des concours particuliers ( prisonniers et travailleurs français )

2° - Il a été livré, à BERGEN-BELSEN

médicaments et

Le 4 : des trousses d'urgence de petite chirurgie pour les Français des 3 camps

Le 6 : des médicaments, des instruments et des biscuits pour les Français des 3 camps.

Le 7 : des médicaments, des vitamines et des aliments frais pour les Français des 3 camps.

Le 9 : 200 Kgs de sucre, des médicaments et aliments ~~frais~~ divers pour les Français.

Le II : des vitamines et vivres frais pour les Français.

Le I3 : Pour l'ensemble du camp : 40.000 colis offerts par la C.R.I., 800 Kgs de sucre et 3 grandes caisses de médicaments pour l'hôpital.

Le I7 : pour les Français de l'hôpital : des vivres divers et des cartes de correspondance.

Le I9 : Pour l'hôpital : 4 camions de médicaments et vivres, don de la Croix Rouge Suédoise et Internationale ainsi que des prisonniers libérés.

3°) A BERGEN BELSEN, les responsables français ( médecins, prêtres, officiers de liaison de la M.F. de R. ) ont été vus à chaque voyage et ont pu faire connaître leurs besoins Le Colonel Cdt le Camp, les médecins et le pharmacien anglais, et les médecins Suisses, ont également fait des demandes qu'on s'est efforcé de satisfaire. Les déportés des 3 camps et les Français responsables, complètement isolés du monde extérieur depuis la libération ont paru réconfortés par les visites périodiques des membres de la Mission

Le I7 Mai, tous les Français valides ont quitté BELSEN. Il restait, à cette date, 700 Français à l'hôpital, dont 450 hommes et 250 femmes, tous intransportables. La liaison avec eux est assurée par l'abbé ALIX pour les Hommes, et l'Abbé MARVILLEZ pour les femmes, qui, eux-mêmes, prisonniers de guerre libérés, restent à l'hôpital pour réconforter les malades La présence d'autres Français, médecins ou Infirmiers, n'est pas tolérée par les autorités.

# *Yvonne*

*Si faire son deuil, c'est accepter la mort d'une personne chère, alors je peux dire que je n'ai jamais fait mon deuil.*

*Le 5 décembre 1987, le coup de fil que je redoutais tant me réveille. J'accours à la Timone, mais il est trop tard. Tu es allongée, immobile. Le souffle au cœur qui te poursuivait depuis des mois t'a rattrapée. Tu as rendu l'âme il y a quelques minutes, me dit-on. À l'âge de quatre-vingt-deux ans.*

*J'ai pleuré beaucoup, longtemps, moi qui ne pleurais jamais.*

*

*Cinq jours plus tard, on te mettait en terre au petit cimetière des Olives. Je n'y ai pas remis les pieds pendant vingt ans. Parce que, en réalité, tu étais encore très présente pour moi. Je continuais à te parler tous les jours. Dans ma tête, nous conversions, tu me conseillais.*

*Vingt ans donc sans aller au cimetière et puis, un jour, en 2008, je prends mon courage à deux mains pour admettre, d'une certaine manière, que tu es bien morte, que tu reposes là, six pieds sous terre. Je me force à y aller.*

*Je contemple la pierre tombale, ton nom gravé dessus, mais, à vrai dire, je ne ressens pas une grande émotion. Aucune émotion, même. Pourquoi ?*

*Parce que, pour moi, jamais tu n'es partie. J'entends encore ta voix aux accents slaves. Ta voix grave de fumeuse. Souvent, quand je prends une cigarette, je te revois utiliser le mégot au bout incandescent pour allumer, sans attendre, la Gauloise suivante. Je te sens aussi derrière moi quand je cuisine les plats de ton enfance. Et, aujourd'hui encore, je pense à toi chaque jour. C'est comme si tu étais en moi au fond. Comme si je t'avais assimilée… Étrange, n'est-ce pas ? Tu es en moi, avec moi. Même la mort ne peut dissoudre cet amour fusionnel.*

*

*Je ne suis plus jamais retournée au cimetière. La prochaine fois, ce sera pour mes propres obsèques. Quand je te rejoindrai dans le caveau familial, pour reposer à jamais près de toi.*

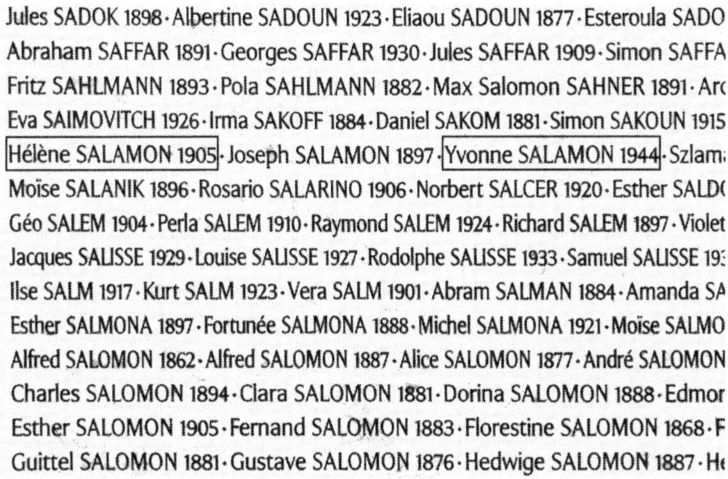


*Photo des noms d'Hélène et Yvonne, « Mur des noms[1] »,*
*Mémorial de la Shoah, Paris*

1. Le « Mur des noms » comprend les noms de 75 568 juifs déportés de France, dont 11 400 enfants.

# Bibliographie

*Prisons de France et bagnes allemands*, de Georges Salan (L'Ouvrière, 1946)

*La Promesse de l'aube*, de Romain Gary (Gallimard, 1960)

*Une petite fille privilégiée : une enfant dans le monde des camps, 1942-1945*, de Francine Christophe (L'Harmattan, 1996, rééd. Pocket, 2001)

*Déportation et Génocide : entre la mémoire et l'oubli*, d'Annette Wieviorka (Hachette, « Pluriel », 2003)

*J'ai eu douze ans à Bergen-Belsen*, d'Albert Bigielman (Le Manuscrit, « Témoignages de la Shoah », 2005)

# Remerciements

*Je remercie Frédérique Agnès qui m'a accompagnée tout au long de l'élaboration de ce livre et qui a manifesté un vif intérêt pour mon histoire.*

*Mes remerciements vont aussi aux éditions Plon qui m'ont fait confiance.*

MIXTE
Papier issu de
sources responsables
FSC® C003309

L'Éditeur de cet ouvrage s'engage
pour la préservation de l'environnement
et utilise du papier issu de forêts gérées
de manière responsable.

Achevé d'imprimer en juillet 2020
dans les ateliers de Normandie Roto Impression s.a.s.
61250 Lonrai
N° d'impression : 2001343

*Imprimé en France*